- 本书为中央级公益性科研院所基本科研业务费专项资金资助项目

"十二五"国家重点图书

中国农业科学院
农业经济与发展研究所
研究论丛
第 3 辑

IAED

Study on the Price Fluctuation and
Influence of China's Minor Grain Crop

我国杂粮价格波动与影响研究

■ 刘慧 矫健 李宁辉 /著

经济科学出版社
Economic Science Press

中国农业科学院农业经济与发展研究所
研究论丛编委会

主　　　任： 秦　富

常务副主任： 王济民

执行副主任： 毛世平

编委会成员： （按姓氏笔画为序）

马　飞　朱立志　任爱荣　任爱胜

李宁辉　李先德　吴敬学　赵芝俊

夏　英　蒋和平

前　言

农产品是农村居民的重要收入来源，也是城镇居民的生活必需品。在居民消费价格指数（CPI）中，作为食品类的重要组成部分，农产品价格波动对CPI具有较大影响，且易引发连锁效应，不仅影响农民收入，而且会影响城镇居民尤其是低收入居民的日常生活消费开支。稳定农产品价格，对保持社会和谐稳定、促进经济健康发展具有重要意义，是我国政府宏观调控和稳定居民价格预期的重要内容。2009年以来，绿豆等杂粮价格大幅波动，波动幅度远高于整个农产品，引起社会各界广泛关注。虽然杂粮不是居民基本生活必需品，但其价格的大幅波动，对市场预期和群众生活都产生一定影响。杂粮是我国许多贫困人口的主粮，也是最适应自然条件恶劣地区的粮食作物。杂粮生产的发展关系到经济不发达地区贫困家庭粮食安全和营养，是我国经济不发达地区粮食安全的重要保障，也是经济不发达地区减贫的有效手段。因此，如何避免杂粮价格大起大落，促进杂粮产业健康发展是一个十分重要的课题。

正是基于以上认识，我博士后出站报告的题目定为"我国杂粮价格波动与影响研究"，本书的完成得到李宁辉老师的悉心指导和帮助，田维明老师、朱立志老师、任爱胜老师、黄德林老师、李先德老师、毛世平老师对书稿提出了宝贵修改建议，在此一并致以诚挚谢意，最后感谢中国农业科学院农业经济与发展研究所对本书出版的大力支持与帮助。

由于作者水平有限，本书尚存在一些不足之处，由于获取杂粮数据资料的限制，对部分品种的研究也有待深入。国内外农业形势不断发生变化，杂粮不同品种价格大幅波动此起彼伏，不断有新的问题需要深入研究，希望本书能够起到抛砖引玉的作用。

刘 慧
2013年11月于北京

目录 Contents

第1章 引言 / 1
    1.1 问题的提出及研究意义 / 1
    1.2 国内外研究现状 / 2
    1.3 研究目标 / 15
    1.4 研究方法与主要研究内容 / 15
    1.5 创新和不足 / 22

第2章 我国杂粮产业发展概况 / 24
    2.1 我国杂粮产业发展现状 / 24
    2.2 我国杂粮产业发展前景 / 35
    2.3 本章小结 / 37

第3章 山西省杂粮产业发展现状 / 38
    3.1 山西省杂粮产业发展的主要特点 / 38
    3.2 山西省杂粮生产成本收益情况 / 42
    3.3 山西省杂粮产业发展存在的问题及对策 / 45
    3.4 本章小结 / 47

第4章 我国杂粮价格波动趋势分析 / 49
    4.1 国际农产品价格波动对国内农产品价格的影响 / 49

4.2 我国杂粮价格波动概况 / 53

4.3 绿豆价格波动趋势分析 / 57

4.4 本章小结 / 61

第5章 我国杂粮价格波动原因分析 / 63

5.1 农产品价格波动原因分析 / 63

5.2 小品种农产品价格波动原因分析 / 65

5.3 绿豆价格波动原因实证分析 / 69

5.4 本章小结 / 76

第6章 我国杂粮价格波动影响分析 / 77

6.1 农产品价格稳定的内涵和民生效应 / 77

6.2 吉林省白城市绿豆调研情况总结 / 81

6.3 江苏省南通市蚕豌豆调研情况总结 / 99

6.4 本章小结 / 113

第7章 结论和政策建议 / 115

7.1 研究结论 / 115

7.2 政策建议 / 117

7.3 进一步研究的建议 / 118

附录 / 119

参考文献 / 137

第1章

引　言

1.1　问题的提出及研究意义

农产品是农村居民的重要收入来源，也是城镇居民的生活必需品。在居民消费价格指数（CPI）中，作为食品类的重要组成部分，农产品价格波动对 CPI 具有较大影响，且易引发连锁效应，既能影响农民收入，又会影响城镇居民尤其是低收入居民的日常生活消费开支。稳定农产品价格，对保持社会和谐稳定、促进经济健康发展具有重要意义，是我国政府宏观调控和稳定居民价格预期的重要内容。

世界市场农产品名义价格从 21 世纪初开始快速上升，2007 年以后出现大幅波动，呈现"高水平、高波动"的模式。农产品"能源化"和"金融化"是加剧世界市场大宗农产品价格波动的重要原因。在开放的贸易环境下，世界市场价格波动能够很快地传导到国内市场。2009 年以来，以绿豆为代表的杂粮价格出现大幅波动，引起了社会各界的广泛关注。虽然杂粮不是居民基本生活必需品，但其价格的大幅度波动，对市场预期和群众生活产生了一定影响。特别是在价格大涨的时候，会引发人们对农产品，尤其是食品涨价的预期，杂粮价格波动的传导性和放大效应，有可能造成整个农产品市场的不稳定，从而带动其他农产品价格在短期内全面上涨，加剧人们对通货膨胀的预期。

我国农业是小规模经营，农户自己做出生产经营决策，然而，农民获得信息的来源和能力有限，生产决策往往滞后于市场。杂粮长期以来在我国粮食安全中处于辅助地位，国家没有最低收购价，也没有收储政策，加之杂粮的市场规模小、容易调控，产地较为集中的特点易于游资炒作，这在一定程度上放大了价格，而农民几乎没有博弈能力，从涨价中获得的好处极少，一旦价格大幅下跌，即会出现"谷贱伤农"的现象。

杂粮在我国分布很广，各地均有种植，但主产区相对比较集中，主要分布在我国自然环境恶劣、土地贫瘠、水资源短缺的经济不发达地区。杂粮收入在当地农民收入中占有重要地位，是当地农民的主要收入来源，杂粮是我国许多贫困人口的主粮，也是最适应自然条件恶劣地区的粮食作物，杂粮生产的发展关系到经济不发达地区贫困家庭粮食安全和营养，是我国经济不发达地区粮食安全的重要保障，也是经济不发达地区减贫的重要手段。杂粮营养价值高，是人们理想的保健食品，近年来，随着人们健康意识的增强和国内食品加工业的发展，杂粮需求量越来越大，已成为当前经济不发达地区农民脱贫致富的首选作物。

目前，国内关于农产品价格波动的研究主要集中于几种大宗农作物，杂粮等小品种农产品价格波动近几年才引起关注，已有的研究基本上都是从宏观层面进行描述性分析，虽然也提出小品种农产品的特点是易于炒作，投机是价格波动的重要原因，但是缺乏实证分析，结论不能令人信服。此外，已有的研究侧重于分析消费者福利受到的影响，事实上，农民在价格的大幅涨跌中获利最少，损失最大。因此，客观、全面地分析杂粮价格异常波动的原因及其影响，进而探寻稳定杂粮等小品种农产品价格的路径，对于增加经济不发达地区农民收入和促进杂粮产业的健康发展具有重要的理论和现实意义。

1.2 国内外研究现状

本书分析的杂粮价格波动需要在国内外粮食价格波动的框架下，结合杂粮的自身特点进行分析。21世纪以来，国际农产品实际价格由过去的下降趋势转为上升趋势且波动幅度加大，在开放的贸易环境下，世界市场价格波动能够很快地传导到国内市场。与此同时，我国政府也出台了一系列支持农业生产和平抑农产品价格的政策,但这些政策几乎都没有涵盖杂粮。在这样的背景下,我国杂粮产业应该如何应对,避免价格的大起大落,从而促进自身的健康发展,这是我们需要回答的问题。因此,本书主要围绕这一问题进行相关理论与实证研究的文献综述。

1.2.1 相关理论回顾

1. 均衡价格理论

经济学的研究以供给和需求作为出发点,均衡价格理论作为分析价格变化的基础与核心理论,亦是从商品的供给和需求入手,分析供求由非均衡状态达到均衡状态的过程。该理论通过需求函数和需求曲线描述消费者对某种商品的价格和需求量之间的对应关系;通过供给函数和供给曲线描述生产者对某种商品的价格和供给量之间的对应关系。某种商品的均衡价格是该商品供给量和需求量相等时的价格,是市场上需求和供给两种相反力量共同作用的结果,需求曲线和供给曲线相交的点,形成了市场上的均衡价格和均衡产量。在均衡价格和均衡产量处,消费者和生产者的利益都达到最大化,既不存在超额需求,也不存在超额供给,因此也就不存在使价格进一步变化的压力(见图1-1)。然而,现实中供给与需求或许并不总是处于均衡状态,当市场状况突然发生变化时,一些市场或许不能很快

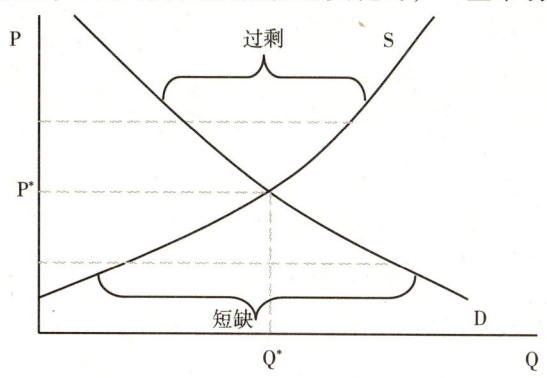

图1-1 供给和需求

资料来源:[美]罗伯特·S·平狄克、丹尼尔·L·鲁宾费尔德著:《微观经济学》,中国人民大学出版社1996年版,第27页。

出清，但总的趋势是使市场出清。

大部分市场中供给和需求曲线随着时间的变动而移动，均衡也随着供给和需求曲线的移动而变化，一般有以下三种情况：（1）由于消费者收入水平或者需求偏好变动等因素导致需求曲线发生移动，在供给曲线等其他因素不变的情况下，需求曲线的移动会导致均衡价格和均衡产量同方向变化；（2）由于生产成本、生产技术或者相关产品的价格等因素发生变化，供给曲线的移动会导致均衡价格和均衡产量呈反方向的变动趋势；（3）在需求曲线和供给曲线均发生移动的情况下，均衡产量和均衡价格变动要具体问题具体分析。

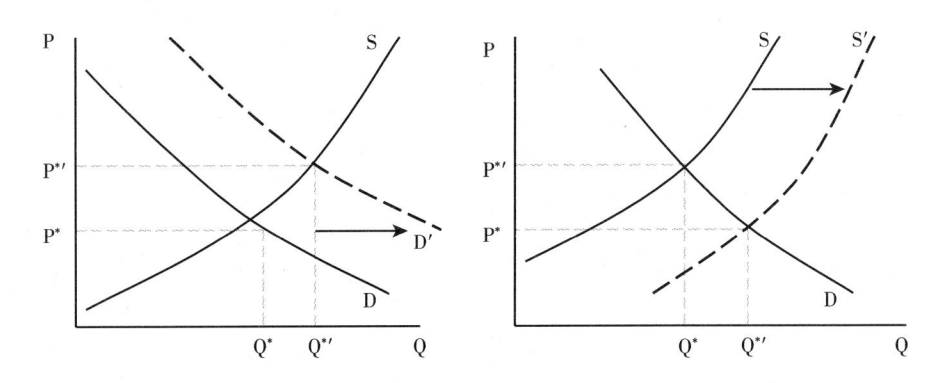

图1-2 供给和需求变动后的新均衡

资料来源：[美]罗伯特·S·平狄克、丹尼尔·L·鲁宾费尔德著：《微观经济学》，中国人民大学出版社1996年版，第28~29页。

均衡价格理论是分析价格波动的基石，本书从需求、供给方面考察杂粮价格波动的原因，就是基于该理论。

2. 蛛网理论

蛛网理论于1930年由美国的舒尔茨、荷兰的J. 丁伯根和意大利的里奇各自独立提出。由于价格和产量的连续变动用图形表示犹如蛛网，1934年，英国的卡尔多将这种理论命名为蛛网理论。蛛网理论是一种动态均衡分析。古典经济学理论认为，供给量和价格会自动恢复到均衡状态。蛛网理论却证明，按照古典经济学静态下完全竞争的假设，均衡一旦被打破，经济系统并不一定自动恢复均衡。这种根据的假设是：（1）完全竞争，每个生产者都认为当前的市场价格会继续下去，自己改变生产计划不会影响市场；（2）价格由供给量决定，供给量由上期的市场价格决定；（3）生产的商品不是耐用商品。这些假设表明，蛛网理论主要用于分析农产品。

蛛网理论的模型如图 1-3 所示：

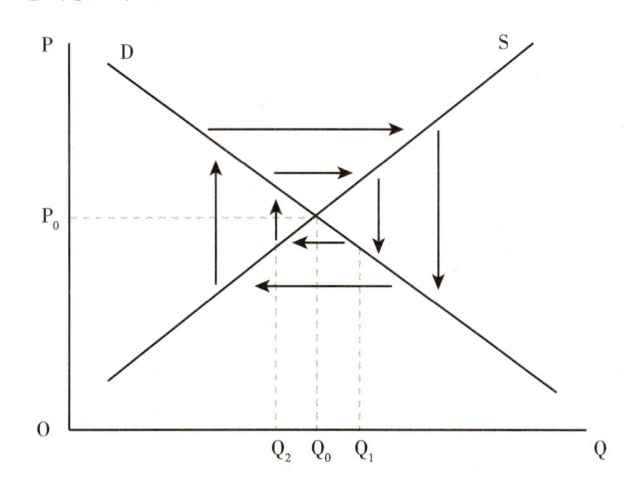

图 1-3 发散型蛛网

图中 P、Q、D、S 分别是价格、产量、需求函数和供给函数。根据上述模型，第一时期的价格 P_1 由供给量 Q_1 来决定；生产者按这个价格来决定他们在第二时期的产量 Q_2。Q_2 又决定了第二时期的价格 P_2。第三时期的产量 Q_3，由第二时期的价格 P_2 来决定，依此类推。由于需求弹性、供给弹性不同，价格和供给量的变化可分三种情况：

（1）当供给弹性小于需求弹性（即价格变动对供给量的影响小于对需求量的影响）时，价格和产量的波动将逐渐减弱，经济状态趋于均衡。供给弹性小于需求弹性为"蛛网稳定条件"，蛛网向内收缩，称"收敛型蛛网"。

（2）当供给弹性大于需求弹性（即价格对供给量的影响大于对需求量的影响）时，波动逐步加剧，越来越远离均衡点，无法恢复均衡。供给弹性大于需求弹性为"蛛网不稳定条件"，蛛网为"发散型蛛网"。

（3）当供给弹性等于需求弹性时，波动将一直循环下去，既不会远离均衡点，也不会恢复均衡。供给弹性与需求弹性相等为"蛛网中立条件"，蛛网为"封闭型蛛网"。

蛛网理论旨在说明在市场机制自发调节的情况下，农产品市场经常发生蛛网型波动，从而影响农业生产的稳定性。在现实生活中，农产品广泛存在着发散型蛛网波动的现象。为消除或减轻农产品在市场上经常出现的这种蛛网型波动的现象，一般有两种方法：①由政府运用支持价格或限制价格之类经济政策对市场进行干预；②利用市场本身的调节作用机制进行调节，即运用期货市场来进行调节。

本书认为杂粮价格也存在发散型蛛网波动的现象，政府应进行干预就是基于这一理论基础。

3. 新价格理论

《交易理论》（何全胜，2010）一书所提出的新价格理论，认为价格并不能决定供求，而是供求决定了价格，因此，价格的灵活变动并不能使供求处于均衡状态，市场出清只是一种特殊情况，市场自由交易并不具有内在的稳定性。另外，由于价值的主观性和客观性，导致供求双方的交易结果具有不确定性，这种不确定性，也就满足不了科斯定理的前提条件，因此，自由交易并不能实现帕累托最优。再则，即使自由交易的竞争能够提高效率，但会产生垄断和赢者通吃的问题，从而造成分配不公和贫富分化等公平问题，市场并不能可持续发展，这是市场交易本身无法解决的。正是由于不确定性和公平等问题，从而造成了"市场失灵"，严重的时候甚至导致经济危机。

由于"市场失灵"，因此凯恩斯将政府干预引入经济运行之中，主张政府这只"看得见的手"应该主动地管理和协调经济的运行，这是凯恩斯主义经济学对传统理论的突破。但是，由于对封建君主制度和一些国家计划经济时代所带来的负面影响的恐惧，"看得见的手"的负面作用要比"看不见的手"的负面作用明显，加之近年自由主义思潮在学术理论与经济运行层面的盛行，经济学界对政府干预的认识多局限于强调解除管制层面，强调自由市场经济的建构，忽视政府有效干预的积极作用，对政府干预经济的政策多有回避或是坚决反对。如在美国，新古典学派的理论占领了大学课堂，但新凯恩斯主义却执掌着国家经济政策。正因为如此，政府干预失去了经济学理论研究的支持，国家对经济的干预更难以适应市场经济的要求，因而没有形成良好的干预制度，政府干预存在大量的失序现象，例如，商品市场上的假劣产品，金融市场上的欺诈，公用事业的垄断暴利，政府内部的腐败等。可以说，市场的混乱与冲突既是政府干预过剩，又是政府干预不足的结果。因此，如何科学地认识政府干预的作用，改进政府效率，是经济学研究的急迫任务。

中国改革开放的实践表明，"没有市场是万万不能的"；西方各国经历过经济危机后的经验也表明，"没有政府也是万万不能的"。人们往往面临着在"政府"与"市场"、"管制"与"自由"、"管制价格"与"市场价格"之间的两难选择，需要在政府与市场、公平与效率之间做出权衡，任何极端的做法和制度都会将人们带向哈耶克所说的"通往奴役之路"，不是成为金钱的奴隶，就是成为权力的奴隶。各个国家需要在这两个极端制度之间进行权衡，充分发挥"看不见的手"和"看得见的手"的作用，选择适合自身特点的发展道路，并不存在简单一致的道路。这种"选择"的过程也有"自然选择"的意味，"选择"的标准以人类文明的可持续发展为标准，因为人类不会选择一条自我灭亡的道路，凡是能够促进人类文明可持续发展的制度就会保留下来，对人类文明发展有反作用的制度就会被淘汰，这种制度的变迁是一个漫长的演化过程。因此，新价格理论否定了传统价格理论的价格灵活调整可以实现市场出清、自由市场能够形成内在均衡的观点，新古典学派的自由主义思想也就失去了理论基础，从而为市场自由与政府干预的相互作用建立了一个微观分析的理论基础。

"新价格理论"根据价格的不同形成方式，将价格分为内生价格与外生价格。内生价格是人们自由交易形成的，具有激励性，因而是有效率的，但由于价格本质上是一种竞争，也会出现"弱肉强食"的不公平问题，并不具有内在的稳定性和可持续性，这就需要外生价格的干预，维护市场交易的公平性，使经济发展具有可持续性。

本书在分析杂粮价格波动时，建议政府应当给予杂粮生产支持就是基于这一理论基础。

4. 适应性预期理论

适应性预期，在经济学中是指人们对未来的预期是基于过去（历史）

的。适应性预期是一种关于预期形成的观点，认为预期仅由过去经验所形成，并将随时间推移缓慢发生变化。例如，如果过去的杂粮价格是高的，那么人们就会预期它在将来仍然会高。

适应性预期可以用下列式子来描述（以杂粮价格为例）：

$$p^e = p^e_{-1} + \lambda(p - p^e_{-1}), \lambda \in [0,1]$$

这里用 p^e 表示当前对于下一年杂粮价格的预期，p^e_{-1} 表示在上一期对于当前的预期，p 为当前真实的杂粮价格。也就是说，当前对于将来的杂粮价格预期反映了过去的预期以及前期的预期与当前真实数据的差距的调整项。这个调整项被称为是"部分调整的"。与其说这反映了对杂粮价格预期的更正，可能更体现出人们对于他们预期的反应能力的缓慢变化。或者说，适应性预期也意味着当前的杂粮价格的预期为：

$$p^e = (1 - \lambda) \sum_{0}^{J} (\lambda^j p_j), J = 0, 1, \cdots, \infty$$

这里 P_j 为过去 J 年的真实杂粮价格，因此，当前的预期杂粮价格反映了所有过去杂粮价格的加权平均，这里的加权随着年数越往前（J 越大）而变得越来越小。

本书认为中国的杂粮生产者由于经营规模较小，加之获取市场信息的能力有限，对杂粮价格的预期是适应性预期，而预期与实际价格往往相反，价格上升时杂粮生产者获益较少，价格下跌则要承担全部损失。

1.2.2 与杂粮产业相关的实证研究

1. 对杂粮产业发展的研究

国内学者关于杂粮产业发展的研究，从角度来看，分为全国和地区；从内容来看，主要集中在发展前景、生产现状、对策建议等方面，现归纳总结如下。

我国是世界上著名的盛产杂粮的国家，享有"世界杂粮王国"的美誉，多个杂粮品种的种植面积和产量均居世界前列。杂粮产业是我国的优势产业之一，我国是世界上主要的杂粮出口国，虽然出口总量不是很大，但出口的经济效益显著（戴起，2002；刘德宝，2003；郭志利，2005；白美清，2012）。杂粮在我国分布很广，各地均有种植，但主产区相对比较集中，主要分布在我国自然环境恶劣、土地贫瘠、水资源短缺的贫困地区，很少使用农药与化肥，因此，杂粮多数远离各种污染，是一种无公害、绿色食品，营养价值较高，且具有较好的固氮能力。杂粮收入在当地农民的收入中占有重要地位，是当地农民的主要收入来源。杂粮是我国贫困人口的主粮，也是最适应自然条件恶劣地区的粮食作物，杂粮生产的发展关系到贫困家庭粮食安全和营养，是我国贫困地区粮食安全的重要保障，也是贫困地区减贫的重要手段（谢平，2004；罗光才，2004；程英等，2007；程须珍，2008；陈永福，2008；丁声俊等，2008；刘飞耀，2012）。目前，多数杂粮种植方式落后，产量较低，与发达国家相比存在较大差距，随着农业科技革命的推动，未来杂粮可能成为粮食系列中发展最快的品种之一，从而为解决国家粮食安全问题起到重要的补充作用（陈永福，2008；白美清，2012）。

然而长期以来，在中国粮食安全中占主导地位的一直是大宗粮食作物，杂粮处于辅助地位。杂粮产业的发展存在一系列问题：种植分散，生产方式落后，产品质量不稳定；加工水平较低，产品附加值低；科研力量薄弱，品种陈旧；政策扶持力度不大，农户种植积极性不高等（柴岩等，2001；陈利等，2004；段亚利，2005；苑永胜等，2007；和一花，2012）。为此，学者们对于如何促进杂粮产业的健康发展提出了诸多政策建议，主要包括：加大对杂粮生产的支持力度，一是加强基础设施建设，提高生产能力，二是将杂粮列入补贴范畴，提高农民种植积极性；加大农业科技投入力度，加快优良品种的繁育、引进和推广；重点扶持杂粮加工龙头企业，延长产业链，提高附加值；建立储备调控机制，引导杂粮市场平稳健康运行（段亚利，2005；程羚，2008；王英霞；2009；凡兰兴，2012）。

我国杂粮品种众多，区域优势突出，如内蒙古乌兰察布的马铃薯，山西岢岚的红芸豆，吉林白城的绿豆等名扬中外。因此也有不少学者对某一地区的杂粮产业或某一杂粮品种进行了研究，总体来看，研究地区主要集中在中西部省份（崔永伟，2008；张雄等，2008；苏旺，2010；许新清，

2012），如山西（高小丽等，2006；张俊，2009；金建强，2012）、甘肃（鲍国军，2006；任瑞玉等，2009；张碧琳，2012）和贵州（朱怡，2011；宫崇栋，2012）等地，研究的内容涉及杂粮的生产、加工及科研现状、竞争力分析、发展对策以及杂粮作物的干旱适应性与生产可持续发展等。具体到某一类杂粮的发展研究，以谷子的研究居多，研究的内容包括产业发展的现状与未来发展趋势（刁现民，2008）、小米的营养价值与产品开发（宋德晓等，2005）、农户的种植行为（李玉勤，2010）及发展优质谷子种植的建议（曹幸壮等，2012）等。

也有众多学者对杂粮产业的发展进行了较全面的研究：提出杂粮产业发展具有广阔前景；认识到发展杂粮生产的重要意义；也提出了促进各地区杂粮产业发展的政策建议。但也存在不足，主要体现在两个方面：（1）研究的品种较单一，导致对杂粮产业整体发展情况的分析不全面；（2）调动杂粮生产者的积极性，促进杂粮产业的健康发展需要了解农户的生产行为，农户生产行为分析缺乏微观的实际调研资料支撑。

2. 关于粮食市场调控的研究

2004年中国粮食流通体制改革进入新阶段，一系列价格支持、农业补贴和储备政策纷纷出台。但从整体看，与欧、美、日等发达国家和地区相比，我国市场调控经验还很少，手段不够丰富，措施也不够健全，因此，学习借鉴欧美发达国家粮食市场调控经验具有积极的意义。很多研究在集中分析国内粮食市场调控政策的同时，更多的是探讨结合实际，明确适合国情的调控目标，逐步完善粮食市场调控体系。一是美国。柯炳生（1994）分析了美国采取的无追索贷款、政府收购储藏、休耕补贴、出口补贴和反周期补贴等各种粮食市场调控政策，并将这些措施归纳为间接收入支持和直接收入支持两类，尽管不能盲目效仿，但许多经验值得我国农业政策制定过程学习和借鉴。王东阳等（2003）对美国粮食生产、流通和贸易调控体系作了深入介绍。二是欧盟。柯炳生（2004）分析了欧盟的差价补贴、面积补贴、基期产量补贴等几种农业直接补贴形式，指出直接补贴政策，特别是与粮食种植面积脱钩的直接补贴，是世界各国农业调控政策的发展趋势。李先德（2008）回顾了法国农业公共支持的演变历程，未来发展趋势将是农业补贴和支持将更多采取直接支付方式，对农业的公共支持将更多关注环境、农村发展和食品安全等领域。李成贵（2004）分析了欧洲国家对农民直补和价格支持的基本做法，指出中国农业补贴政策应包括直接补贴、价格支持和生产补贴三部分，在相当长一个阶段直补不能代替价格支持政策。蒋协新（2002）也对欧盟粮食市场调控政策进行了研究。三是日本、韩国。林燕腾（2002）、杨东群（2005）、徐志全（2003）等分析探讨了日本和韩国的农业调控政策体系。何秀荣等（2001）介绍了农业协议的具体内容，并对各国农业政策的分类办法进行了总结。此外，许世卫等（2010）对美国、欧盟、日本等世界主要粮食生产和进出口国家粮食市场调控政策做了较为详尽的介绍和研究。刘合光（2009）介绍了世界主要发达国家的农业政策改革情况，并对其经济影响作出评价。

随着流通体制改革的推进，国内理论界探讨也不断深入，许多学者对我国粮食市场调控历史进行了回顾，虽然就政府在调控粮食市场过程中应扮演什么角色问题上观点有所不同，但大多认为，当前调控措施尚存在诸多不足，有待进一步完善。1988年出版的《当代中国的粮食工作》重点对改革开放前的粮食政策变革历程进行了回顾和分析。柯炳生（1998）分析了改革开放以来，国内粮食政策目标的变化，回顾了政策的改革历程，提出主要问题是国有粮食部门效率低下和资金运营混乱等。隆国强（1999）对新中国成立以来粮食流通政策演变进行了回顾和分析。柯炳生（2003）分析了改革开放以来我国农产品市场流通体系建设取得的巨大成绩，但按照建设现代农业和全面建设小康社会的要求仍存在着一些矛盾，需要从改善市场设施、完善市场服务和有关市场政策等层面去进一步提高。韩俊（2008）回顾了20世纪90年代以来粮食市场调控历程，指出了其中存在的问题，并从贸易、农业支持保护和转变农业增长方式三个角度提出了对策建议。程国强（2012）在评估现阶段我国粮食宏观调控成效与问题的基础上，深入分析我国工业化、城镇化快速发展阶段粮食问题的基本特征与中长期趋势，研究辨识新形势下我国粮食宏观调控的目标、机制与政策，探索提出了符合中国国情粮情的粮食宏观调控体系。

我国学者较早地对发达国家粮食市场调控的办法及其影响进行了详细的研究，也顺应形势的变化不断探讨完善我国的粮食调控政策的路径，然而却鲜有针对小品种农产品的调控政策研究。

3. 对粮食价格波动的研究

国内学者对于粮食价格波动的研究主要从粮食安全和波动原因两方面进行分析。

粮食安全方面。我国作为世界上人口最多的国家，保障粮食安全一直受到政府的高度关注。入世以后，一些学者对我国在WTO"后过渡期"的粮食安全问题做了研究。蒋庭松（2004）利用中国区域经济一般均衡模型（CERD）就我国加入WTO对粮食生产、贸易和自给率的影响进行了模拟，结果显示：加入WTO对我国的粮食安全产生负面影响，粮食自给率下降；农业部门整体受到一定冲击，但影响并不大，主要是因为我国的农业保护水平在入世前就比较低。樊明太等（2008）应用中国农业CGE模型模拟分析了贸易自由化对粮食安全的影响，其结论是：中国的贸易自由化可能引致粮食自给率下降，但这种影响在现实中体现出来需要一定的条件。在保障我国粮食安全究竟应该依靠国内供给还是充分利用进口这个问题上，学术界存在较大的意见分歧。林毅夫（2004）主张建立全国统一的大粮食市场，不具备比较优势的地区（如东南沿海地区）应退出粮食生产。柯炳生（2004）、朱晶和钟甫宁（2004）指出，按照比较优势的原则，我国应该从世界市场进口我国比较优势较低的土地密集型农产品，如粮食；我国的粮食产量波动与世界粮食市场波动的相关性很小，因而我国可以在更大程度上加强粮食生产和贸易与世界市场的融合，通过进口粮食来弥补国内生产的不足，同时积极呼吁国际社会停止使用粮食禁运。秦富（2013）认为全球环境对中国粮食安全有一定影响，但不是主导性因素，影响中国粮食安全的决定性因素主要是我国粮食生产的科技水平、粮食综合生产能力、粮农的生产积极性。

粮价波动原因方面。世界市场农产品名义价格从21世纪初开始快速上升，2007年后还出现大幅波动，呈现"高水平、高波动"的模式。造成波动的基本面因素是供需失衡，另外，库存、贸易、生产成本、信贷、汇率、生物质能源和投机等因素也会影响农产品价格（黄季焜，2011）。田维明（2013）认为，农产品"能源化"和"金融化"是加剧世界市场大宗农产品价格波动的重要原因。在开放的贸易环境下，世界市场价格波动能够很快地传导到国内市场。对于大多数发展中国家来说，由于其缺乏有效的社会保障或救助制度，食品价格剧烈波动常常影响到社会稳定，因而也成为政府面临的一大挑战。丁声俊（2012）认为从未来发展趋势看，我国粮价存在多种上涨因素：粮食生产资料价格继续上升；人力成本趋向提高；国际粮食需求快速扩大；全球气候变暖导致自然灾害频发；国际投机资本的触角伸向一切可以利用的领域，以及国际经济环境的不确定性增加等。正是在这些因素的博弈下，我国粮食价格总水平将呈上涨态势，是符合客观规律的。但是，自2004年以来，我国粮食取得"八连增"，2012年夏粮又取得丰收，创造了我国乃至世界粮食产业的奇迹。粮食连续增产，供求明显改善，国家储备充裕，有效抑制了粮价过快上涨势头，保障了市场粮价的基本稳定。全国粮价不可能大起大落，其粮价演变轨迹仍将呈现温和性、合理性、结构性和可控性的特点。

国内学者对粮食安全和粮食价格波动的研究较多，已形成了较成熟的理论体系。然而，研究几乎都是以小麦、水稻、玉米等大宗粮食作物作为分析对象，虽然这足以反映实际情况，但没有将杂粮考虑在内，从粮食全口径来说不够完整。

4. 对杂粮价格波动的研究

近年来，国内学者开始关注小品种农产品的价格波动，部分杂粮品种，如绿豆等由于价格波动幅度较大备受关注。现以绿豆价格波动为例对相关研究进行总结归纳。

我国一直是世界杂粮大国，但长期以来杂粮被归为附属农作物，生产盲目性较大，处于小规模、低效益的粗放式经营状态。加之近年来，国家为了保障粮食安全，高度重视水稻、小麦、玉米等主要粮食品种生产，采取各种补贴加以扶持，进一步导致杂粮生产滑坡（孔令强，2010）。我国是绿豆的主要生产国和出口国，绿豆大幅减产导致绿豆出口价格上涨，进而带动出口量增加，加剧我国国内绿豆货源的供应紧张状况，拉动我国绿豆价格的进一步上涨（严行方，2011）。偶然因素扩大了供需缺口，主产区2009年下半年遭遇旱灾，导致绿豆大幅减产，是绿豆暴涨的决定性原因，同时，社会因素也在短期刺激了需求增长，例如，某些养生学的兴起导致对绿豆的需求上涨（袁水泉，2009；何大兴，2011）。此外，绿豆还有以下特点：有一定的存放期，有时间囤货和消化存货；产地集中，容易掌握产量情况；盘子小，控制市场需要的资金量少；不容易招致政府价格干预；价格长期偏低，存在"抄底"的机会，等等。上述小品种农产品的特性加剧了绿豆价格的波动幅度（刘振滨，2010；只升敏，2010；林艳兴，2010；李国祥，2010；虞华，2011；严行方，2011）。价格的异常波动往往会使农民受到损失：价格下跌，农民直接承担损失，价格上涨时，利润总是直接作用于流通环节，传递到农民手上的利润十分有限；农民的生产行为相对于价格变化具有滞后性，将产品在价格顶峰大量抛入市场的，往往不是农民，而是产品的囤积者；有生产经营自主权的农民缺乏对市场做出正确判断的能力和信心，农产品价格的波动往往会误导农民，形成农产品价格波动幅度越大、农民收入不确定性越大的局面（张立华，2010；张丙乾，2011）。近年来，绿豆、大蒜、生姜等小品种农产品价格的异常波动已使政府和学者意识到稳定其价格对增加农民收入、促进产业健康发展的重要性，也从宏观上提出了一些稳定小品种农产品价格的措施，如各地农业主管部门在抓好大宗粮食生产时应合理配置杂粮、主粮的适当比例，引导杂粮主产区的组织化、规范化生产，建立小杂粮生产基地（尹小健，2010）；在稳定现有主粮种植面积的同时，加大对绿豆等小品种农产品的扶持力度，可以考虑将绿豆等小品种农产品纳入农产品补贴政策中来，保证其种植面积和产量的稳定，避免供求严重失衡；还可以考虑加强对小品种农产品的储备；要对进出农产品市场的大额资金进行重点跟踪、监管，对恶意收购者进行必要的打击，防止囤积居奇（刘振滨，2010；只升敏，2010；林艳兴，2010；虞华，2011）。

已有的研究较全面地分析了绿豆等小品种农产品价格异常波动的原因，也肯定了主产区农民的利益在价格波动中获利最小、损失最大，相应地从宏观层面提出了一些稳定价格的建议。但也存在不足，主要体现在两个方面：第一，没有剥离出造成价格异常波动的内生原因和外生原因，也没有测算其影响程度；第二，对主产区农民在价格的上升中究竟获益多少，价格的下跌对他们的生计又有多大的影响，面对价格的波动做出怎样的生产决策缺乏微观的实际调研资料支撑。

1.3　研究目标

本书总的研究目标是深入分析我国杂粮价格波动的原因及产生的影响，特别是价格异常波动对主产区农户收入和生产经营决策的影响，在此基础上，进一步挖掘农户的生产意愿，最终目标是全面、客观地探寻稳定杂粮价格的路径，促进我国杂粮产业健康发展。

具体的研究目标是：
- 分析杂粮价格波动的深层次原因并进行测算；
- 评价价格波动对主产区农户收入和生产决策的传递效果；
- 识别主产区杂粮生产者生产意愿的影响因素；
- 探寻稳定杂粮价格、促进杂粮产业健康发展的路径。

1.4　研究方法与主要研究内容

1.4.1　研究方法

1. 经济计量分析方法

（1）Hodrick–Prescott 滤波方法。

HP 滤波方法是一种被广泛使用的测定长期趋势的方法，该方法在霍德里克和普雷斯科特（Hodrick and Prescott，1980）分析战后美国经济周期的论文中首次使用。HP 滤波的运用比较灵活，它不像阶段平均法那样依赖于对经济周期波峰和波谷的确定。HP 滤波把经济周期看成是宏观经济对某一缓慢变动路径的一种偏离，该路径在期间内是单调增长的，所以称为趋势。

这种方法的基本原理是：

设 $\{Y_t\}$ 是包含趋势成分和波动成分的经济时间序列，$\{Y_t^T\}$ 是其中含有的趋势成分，$\{Y_t^c\}$ 是其中含有的波动成分。则：

$$\{Y_t\} = \{Y_t^T\} + \{Y_t^c\}, t = 1, 2, \cdots, T \tag{1.1}$$

计算 HP 滤波就是从 $\{Y_t\}$ 中将 $\{Y_t^T\}$ 分离出来。一般的，时间序列 $\{Y_t\}$ 中的可观测部分趋势 $\{Y_t^T\}$ 常被定义为下面最小化问题的解：

$$\min \sum_{t=1}^{T} \{(Y_t - Y_t^T)^2 + \lambda [c(L) Y_t^T]^2\} \tag{1.2}$$

其中：$c(L)$ 是延迟算子多项式。

$$c(L) = (L^{-1} - 1) - (1 - L) \tag{1.3}$$

将式（1.3）代入式（1.2），则 HP 滤波的问题就是使下面损失函数最小，即

$$\min \sum_{t=1}^{T} \{(Y_t - Y_t^T)^2 + \lambda \sum_{t=1}^{T} [(Y_{t+1}^T - Y_t^T) - (Y_t^T - Y_{t-1}^T)]^2\} \tag{1.4}$$

最小化问题用 $[c(L) Y_t^T]^2$ 来调整趋势的变化，并随着 λ 的增大而增大。HP 滤波依赖于参数 λ，该参数需要先给定。这里存在一个权衡问题，要在趋势要素对实际序列的跟踪程度和趋势光滑程度之间做一个选择。当 $\lambda = 0$ 时，满足最小化问题的趋势序列为 $\{Y_t\}$ 序列；随着 λ 值的增加，估计的趋势越光滑；当 λ 趋于无穷大时，估计的趋势将接近线性函数。

一般经验，λ 的取值如下：

$$\lambda = \begin{cases} 100, & \text{年度数据} \\ 1\,600, & \text{季度数据} \\ 14\,400, & \text{月度数据} \end{cases} \tag{1.5}$$

HP 滤波增大了经济周期的频率，使周期波动减弱。

（2）频谱滤波（BP 滤波）方法。

频谱滤波方法（frequency filer，BP 滤波）是把时间序列的循环成分进

行分离的一种方法，由于这种分析主要是用功率谱的概念进行讨论，所以通常称为谱分析。谱分析的基本思想是：把时间看作是均不相关的周期（频率）分量的叠加，揭示时间序列的频域结构，掌握其主要波动特征，因此，在研究时间序列的周期波动方面，它具有时域方法所无法企及的优势。

本书在分析杂粮价格波动的长期趋势和短期趋势时使用 HP 滤波方法和 BP 滤波方法。

2. 模型分析方法

（1）杂粮生产成本变动影响的最优规划模型。

设杂粮产量为 Y，其市场价格为 P。为生产杂粮，需要投入品 Z_j，其市场价格为 W_j，$j=1, 2, \cdots, n$。杂粮产量是杂粮市场价格 P 和各项投入品价格 W_j 的函数，即 $Y(P, W_j | j=1,2,\cdots,n)$。通常来说，杂粮市场价格是其产量的函数，而产量又是各项投入品价格的函数。为了分析杂粮生产成本上涨对杂粮市场价格的影响，我们可直接设杂粮市场价格为各项投入品价格的函数，即 $P(W_j | j=1, 2, \cdots, n)$。

农民需要生产效益最大化，即 $\max P(W_j) \times Y(P(W_j), W_j) - \sum_{j=1}^{n}(W_j Z_j)$

对 W_j 求导，$\frac{\partial P}{\partial W_j} Y + P(\frac{\partial Y}{\partial P}\frac{\partial P}{\partial W_j} + \frac{\partial Y}{\partial W_j}) = Z_j$

即，$(1 + \frac{P}{Y}\frac{\partial Y}{\partial P}) Y \frac{\partial P}{\partial W_j} = Z_j - P\frac{\partial Y}{\partial W_j}$

此处，$\frac{P}{Y}\frac{\partial Y}{\partial P}$ 即为杂粮产量的自身价格弹性，设为 ε。

于是，有 $\frac{\partial P}{\partial W_j} = \frac{1}{1+\varepsilon}(\frac{Z_j}{Y} - \frac{P}{W_j}\frac{W_j}{Y}\frac{\partial Y}{\partial W_j})$

此处，$\frac{W_j}{Y}\frac{\partial Y}{\partial W_j}$ 即为杂粮产量相对于投入品 j 的价格的弹性，设为 δ_j。

于是，有 $\frac{\partial P}{\partial W_j} = \frac{1}{1+\varepsilon}(\frac{Z_j}{Y} - \frac{P}{W_j}\delta_j)$

两边乘以 $\frac{W_j}{P}$，即得 $\theta_j = \frac{1}{1+\varepsilon}(S_j - \delta_j)$

其中，$S_j = \dfrac{W_j \times Z_j}{P \times Y}$ 即为投入品 j 的成本在杂粮产值中的份额。

$\theta_j = \dfrac{W_j}{P} \dfrac{\partial P}{\partial W_j}$ 即为杂粮的市场价格相对于投入品 j 价格变动的弹性，据此我们计算杂粮生产成本变动对杂粮市场价格的影响程度。

根据数据的可获得性，本书将以绿豆为例来测算生产成本变化对国内绿豆价格的影响程度。

（2）开放市场下杂粮国际贸易模型。

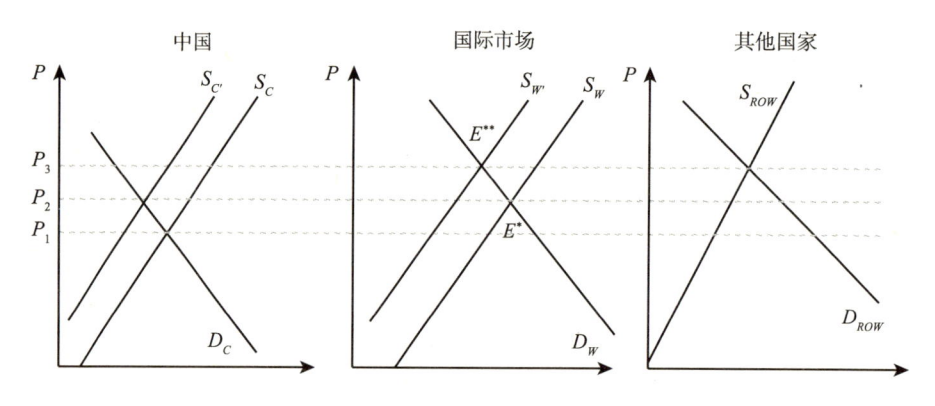

图1-4 开放市场下杂粮国际贸易模型

在没有国际贸易时，中国杂粮生产和需求的均衡价格是 P_1，而其他国家生产和需求的均衡价格是 P_3，开放市场下，由于中国是杂粮生产和出口大国，国际市场上杂粮的均衡价格应在 P_1 和 P_3 之间。

假设中国杂粮产量减少，而其他国家产量保持不变，那么中国杂粮的供给曲线将由 S_C 左移到 $S_{C'}$，相应的，国际市场上杂粮的供给曲线将由 S_W 左移到 $S_{W'}$。中国杂粮出口量减少导致国际市场上杂粮均衡价格由 E^* 上升到 E^{**}。国际市场杂粮价格的上涨将刺激中国杂粮出口的增加，使中国的杂粮供给曲线进一步左移，从而使国内杂粮价格继续上升。如果中国杂粮的出口量并没有因为国内产量的减少而明显下降，那么国际市场上杂粮的供给曲线会由 $S_{W'}$ 小幅右移，国际市场杂粮的价格下降，使得中国杂粮出口减少，那么中国市场杂粮的供给曲线也小幅右移，均衡价格下降，国内市场的变化会又一次影响到国际市场，两个市场相互作用，多次调整后国际市场达到一个新的均衡点。

本书将通过这一模型来分析开放市场下中国杂粮市场均衡价格的变动情况。

3. 问卷调查和实地访谈方法

调查法是科学研究中最常用的方法之一。它是有目的、有计划、有系统地搜集有关研究对象现实状况或历史状况的材料的方法。调查方法是科学研究中常用的基本研究方法，它综合运用历史法、观察法等方法以及谈话、问卷、个案研究、测验等科学方式，对现象进行有计划的、周密的和系统的了解，并对调查搜集到的大量资料进行分析、综合、比较、归纳，从而为人们提供规律性的知识。

问卷调查法是调查法中最常用的方法，它是以书面提出问题的方式搜集资料的一种研究方法，即调查者就调查项目编制成表式，分发或邮寄给有关人员，请其填写答案，然后回收整理、统计和研究。

宏观层面的分析可以了解杂粮生产的总体情况，但是无法反映现实的微观行为，而且有可能与实际情况相距甚远，因而微观层次的调研有助于理解杂粮生产者在特定环境下的行为模式，从而与宏观层次的分析相补充。

本书设计了农户表和村表对杂粮主产区的农户进行调研。村调查表的主要作用是总体上了解当地的自然条件、经济发展状况和杂粮生产情况。农户调查表的主要作用是：分析杂粮收入在农户收入中所占比例；比较分析杂粮成本收益；分析农户在价格预期下的生产、销售决策；分析影响农户生产决策调整的因素。

此外，笔者还对杂粮主产区农业部门相关人员、杂粮加工企业负责人等进行访谈，与问卷调查相互补充，以期获得更加准确和全面的微观层次的信息。

4. 案例分析法

案例分析法，又称个案研究法，是由哈佛大学于1880年开发完成，后被哈佛商学院用于培养高级经理和管理精英的教育实践，逐渐发展成为今天的"案例分析法"。

案例选择的标准与研究的对象和研究要回答的问题有关，它确定了什么样的属性能为案例研究带来有意义的数据。案例研究可以使用一个案例或包含多个案例。

案例研究的数据来源包括六种：（1）文件；（2）档案记录；（3）访谈，访谈可以采三种形式，其中最常见的类型是开放式的访谈，第二种类型的访谈是焦点式的访谈，即在一段短时间中访谈一位回答者的方式，第三种类型是延伸至正式的问卷调查，限定于更为结构化的问题；（4）直接观察，研究者实地拜访个案研究的场所；（5）参与观察，此时研究者不只是一位被动的观察者，真正参与到正在研究的事件之中；（6）实体的人造物。

山西省是我国杂粮的主产区，所生产的杂粮不仅品质好，而且种类多。因此，本书首先选择了山西省作为案例，主要基于统计数据和实地调研获得的资料对我国杂粮主产区的生产现状及杂粮产业发展存在的突出问题进行了描述性的分析。然而杂粮种类众多，分布地区广泛，且在经济发达地区和经济欠发达地区，杂粮的种植方式、生产目的、对当地农民生计的影响差别很大，为较全面反映实际情况，结合资料的可获得性，本书接着以吉林省白城市的绿豆和江苏省南通市的蚕豌豆作为案例，主要基于两年积累的问卷调查和实地访谈的资料，从微观层面对经济发达地区和经济欠发达地区的杂粮生产、销售等情况做对比分析。

1.4.2 研究内容

根据本书的研究目标和采用的研究方法，全书的主要研究内容分为三部分。

1. 中国杂粮产业发展分析

这一部分由两章构成，即中国杂粮产业发展概况和山西省杂粮产业发展现状。

首先利用国内外机构公开出版的文献资料和统计数据对中国杂粮产业发展概况进行宏观描述性分析，内容主要包括：世界杂粮主要生产国、消费国和贸易国概况；中国杂粮主要品种、分布区域概况；中国杂粮生产、消费和贸易概况；中国杂粮产业发展前景分析；然后主要利用实际调研获得的资料对我国杂粮主产省——山西省杂粮产业发展现状进行微观描述性分析，内容主要包括：杂粮生产概况；杂粮成本、收益和价格变动情况；杂粮产业发展存在的突出问题及相应的政策建议。

2. 中国杂粮价格波动及其影响分析

这一部分由三章构成，即中国杂粮价格波动趋势分析、中国杂粮价格波动原因分析和中国杂粮价格波动影响分析。

首先，利用公开发布的统计数据对我国各种类杂粮价格波动情况进行描述性分析，初步得出我国杂粮价格的整体波动趋势，进一步利用HP滤波方法和BP滤波方法，结合数据的可获得性，对我国绿豆价格波动的长期趋势和短期趋势进行分析；其次，考虑到杂粮的特点，杂粮需求具有相对的稳定性，故进一步把影响供给的因素分为生产、贸易和市场投机三个方面：根据生产者效益最大化原则，通过构建生产者成本变动影响的最优规划模型分析杂粮生产成本变动对绿豆价格的影响；根据开放市场下的国际贸易模型分析杂粮贸易对杂粮市场价格的影响；在剔除生产和贸易的影响后分析市场投机因素对杂粮价格变动的影响；最后，以绿豆为例，利用实际调研获得的数据固定跟踪分析主产区豆农2010年和2011年绿豆价格暴涨暴跌对其收入的影响以及豆农生产决策的调整。

3. 结论与政策建议

基于中国杂粮产业发展概况的分析，结合中国杂粮价格波动及其影响研究的结果，主要从生产者角度探索出稳定杂粮价格的路径，促进杂粮产业持续健康发展的政策建议。

根据以上三部分的研究内容，形成如下的研究技术路线：

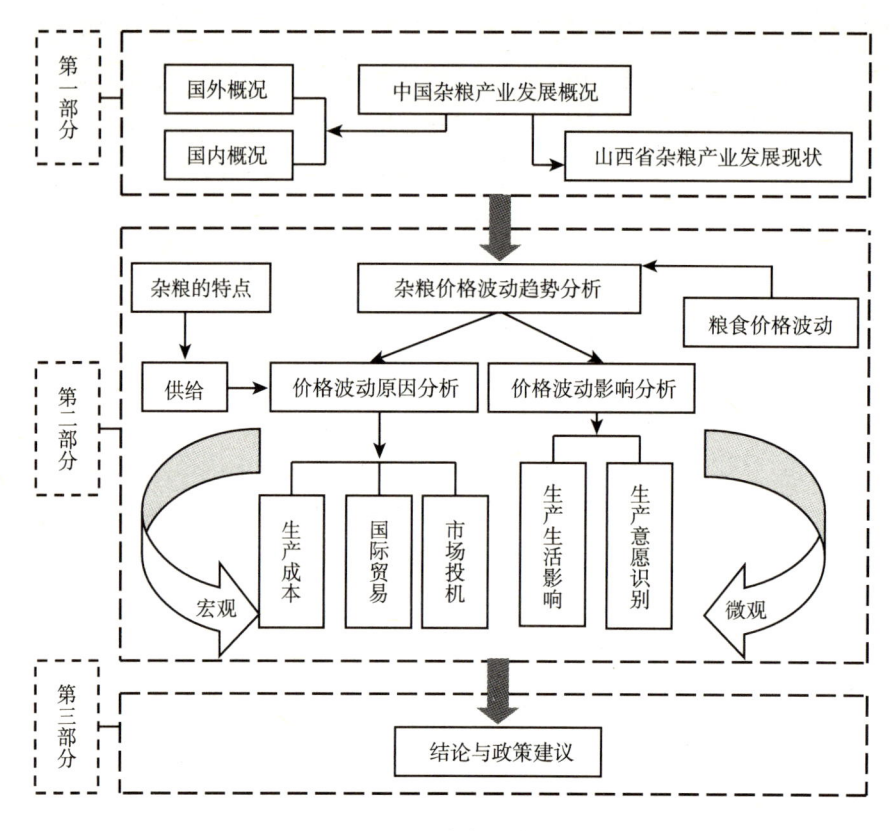

图1-5　全书结构图

1.5　创新和不足

1.5.1　研究的创新之处

（1）选题新。关于农产品价格波动的研究，国内的学者主要侧重于大宗农产品，对于小品种农产品杂粮的研究较少，且已有的研究缺乏实证分析，深度不足。

（2）角度新。以杂粮主产区村、农户、经纪人、加工企业的实际调研资料为基础，从生产角度寻求稳定杂粮价格、促进杂粮产业健康发展的路径，弥补宏观分析的不足。

1.5.2 研究的不足

(1) 缺乏公开发行的杂粮统计数据,描述性分析不够全面和深入。

(2) 杂粮产业的发展涉及生产、流通、加工等诸多环节,受资料的限制,本书主要从生产方面进行分析,故得出的结论具有一定的片面性。

第 2 章

我国杂粮产业发展概况

2.1 我国杂粮产业发展现状

2.1.1 我国杂粮的生产

1. 杂粮概念界定

当今人类栽培的三大类食用作物是禾谷类、食用豆类及薯类。根据 FAO 的分类标准，禾谷类作物包括小麦、水稻、玉米等大宗粮食作物和高粱、谷子、荞麦、燕麦、大麦等小宗粮食作物。食用豆类是指以食用籽粒为主，包括食用其干、鲜籽粒和嫩荚为主的各种豆类作物，包括菜豆、豌豆、鹰嘴豆、豇豆、蚕豆、扁豆等（不包括大豆）。薯类作物又称根茎类作物，主要包括甘薯、马铃薯、山药、芋类等。

在中国，杂粮一般指除水稻、玉米、小麦以外的谷物和除大豆以外的豆类及薯类。小杂粮，一般指除了玉米、水稻、大豆、小麦、薯类等大宗粮食作物以外的其他小粮豆作物的总称。

对于中国杂粮的统计口径，FAO 没有直接对应的统计数据。搜索整理得知，FAO 中粗粮（coarse grain）数据减去玉米（maize）数据对应于中国除水稻、玉米、小麦以外的其他谷物的数据；FAO 中食用豆类（pulses）的数据对应于中国食用豆类的数据；考虑到产量的大小，FAO 中根块茎类作物（roots and tubers）的数据对应于中国薯类的数据。

根据以上分析及与FAO数据的对应性，本书采用中国一般意义上的杂粮统计口径，并将其分为其他谷物类、食用豆类和薯类三部分进行阐述。

2. 世界杂粮生产概况

近20年来，世界其他谷物的收获面积和产量都总体呈下降趋势（见图2-1）。收获面积由1992年的2亿公顷下降到2011年的1.4亿公顷，降幅为29.4%；同期，产量由3.5亿吨下降到2.8亿吨，降幅为20.1%。主要的生产国有俄罗斯、印度、法国、加拿大等，俄罗斯是第一大生产国，2011年其他谷物产量约占世界总产量的10%。

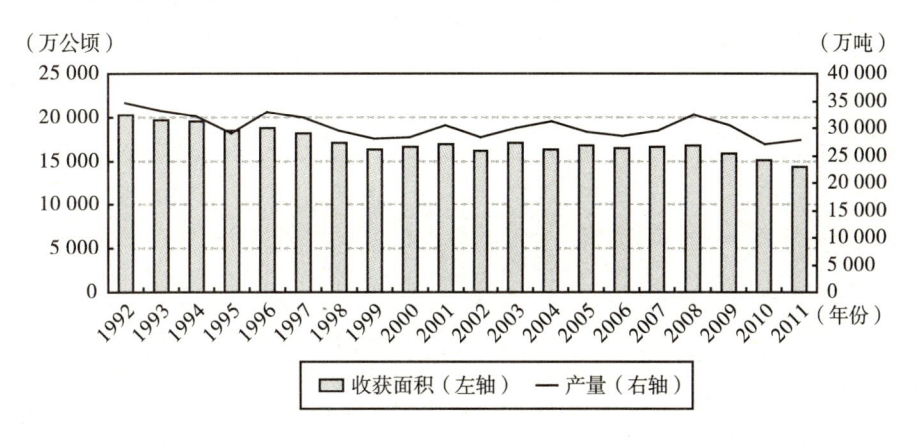

图2-1　1992~2011年世界其他谷物收获面积和产量

资料来源：FAO数据库。

近20年来，世界食用豆类的收获面积和产量都略有上升（见图2-2）。收获面积由1992年的6 818万公顷上升到2011年的7 807万公顷，升幅为14.5%；同期，产量由5 188万吨上升到6 784万吨，升幅为30.8%。主要的生产国有印度、缅甸、中国、加拿大等，印度是第一大生产国，2011年食用豆类产量约占世界总产量的26.2%。

近20年来，世界薯类的收获面积和产量上升幅度都较大（见图2-3）。收获面积由1992年的4 905万公顷上升为2011年的5 429万公顷，升幅为10.7%；同期，产量由6.1亿吨上升为8.1亿吨，升幅为33.2%。主要的生产国有中国、尼日利亚、印度、俄罗斯、巴西等，中国是第一大生产国，2011年薯类产量约占世界总产量的21.1%。

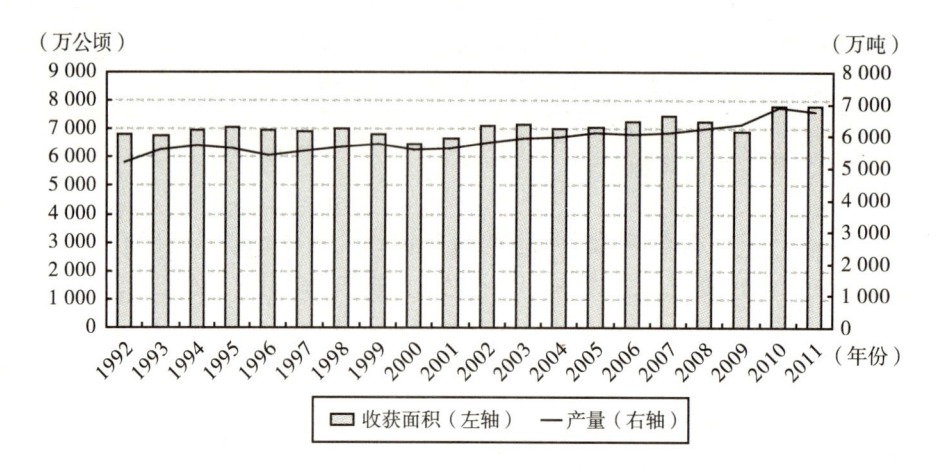

图 2-2 1992~2011 年世界食用豆类收获面积和产量

资料来源：FAO 数据库。

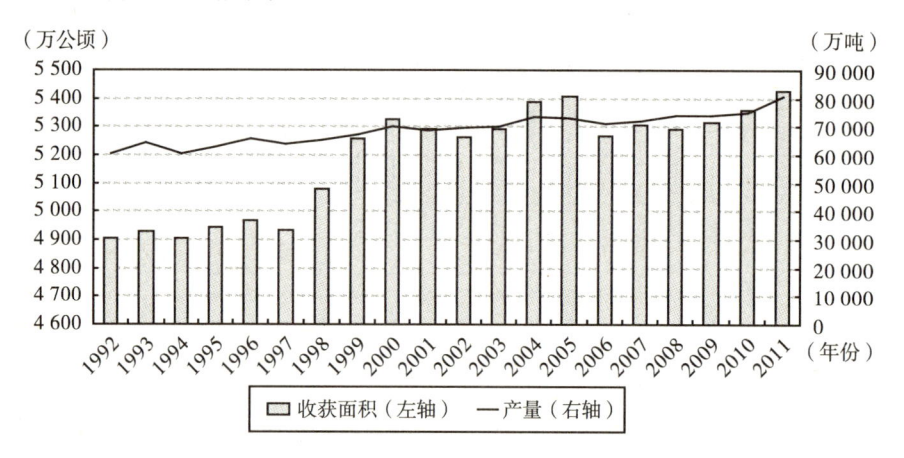

图 2-3 1992~2011 年世界薯类收获面积和产量

资料来源：FAO 数据库。

总体来看，世界杂粮产量略有增加，收获面积在下降。这主要是由于杂粮的主要生产国发展中国家在粮食安全和耕地面积日益减少的压力下，杂粮的播种面积减少，收获面积也必然减少，然而在技术进步的推动下，单位面积产量在增加。但与发达国家相比，发展中国家杂粮生产效率较低，这主要有以下几个原因：发展中国家杂粮生产的目的主要是为了解决温饱，而发达国家主要是出于商业目的；杂粮种植规模通常较小而被认为是不能产生经济报酬的部门，因而缺乏投资；可以得到灌溉的好的土地用来种植大宗粮食作物和经济作物，迫使杂粮只能种植在贫瘠、干旱的土地上；出于食物安全的角度强调大宗粮食作物生产重要性的农业政策；研究投入有限，农民缺少生产技术和优良品种。

发展中国家是杂粮的主要消费者，杂粮在发展中国家和发达国家的消费情况截然不同，以食用豆为例，在发展中国家主要用途是作为食物，在发达国家主要用途是生产饲料。

3. 我国杂粮生产情况

中国地处温带和亚热带地域，是多种作物的起源中心，杂粮种类多，品种资源丰富，种植区域广阔，多个杂粮品种的面积和产量居世界前列，故我国有"杂粮王国"之称。1995~2011年，我国杂粮平均产量为17 766万吨，占世界杂粮总产量的16.5%，同期，其他谷物平均产量为981万吨，占世界其他谷物总产量的3.4%；食用豆类平均产量为457万吨，占世界食用豆类总产量的7.5%；薯类平均产量为16 328万吨，占世界薯类总产量的22.6%。总体来看，近20年来，中国各类杂粮产量占世界总产量的比重都呈下降趋势，由表2-1可以发现，这是因为世界杂粮产量明显增加，而中国杂粮产量略有减少所致。

表2-1　　　　　　1995~2011年中国杂粮产量占世界的比重

年份	杂粮产量（万吨）中国	杂粮产量（万吨）世界	占世界的比重（%）	其他谷物产量（万吨）中国	其他谷物产量（万吨）世界	占世界的比重（%）	食用豆类产量（万吨）中国	食用豆类产量（万吨）世界	占世界的比重（%）	薯类产量（万吨）中国	薯类产量（万吨）世界	占世界的比重（%）
1995	18 989	97 723	19.4	1 679	29 037	5.8	448	5 624	8.0	16 862	63 062	26.7
2000	20 629	103 848	19.9	1 171	28 307	4.1	470	5 560	8.4	18 988	69 981	27.1
2005	19 482	108 505	18	1 037	29 384	3.5	523	6 099	8.6	17 922	73 022	24.5
2006	15 465	105 784	14.6	921	28 565	3.2	455	6 054	7.5	14 089	71 165	19.8
2007	15 984	107 658	14.8	870	29 568	2.9	448	6 096	7.4	14 666	71 994	20.4
2008	16 852	112 838	14.9	827	32 560	2.5	490	6 233	7.9	15 535	74 045	21.0
2009	16 797	110 665	15.2	737	30 367	2.4	433	6 377	6.8	15 627	73 921	21.1
2010	17 436	108 806	16	801	27 149	3.0	389	6 883	5.7	16 246	74 774	21.7
2011	18 259	115 160	15.9	783	27 683	2.8	461	6 784	6.8	17 015	80 693	21.1

注：杂粮产量=其他谷物产量+食用豆类产量+薯类产量；其他谷物产量=粗粮产量-玉米产量；薯类产量为折粮产量。

资料来源：FAO数据库。

长期以来，在中国粮食安全中占主导地位的一直是大宗粮食品种，即水稻、小麦、玉米和大豆，杂粮处于辅助地位。正是这种辅助地位，使杂粮的种植面积不断下降。在新中国成立初期的 1952~1959 年，杂粮种植面积达到平均 4 574 万公顷，远高于 3 014 万公顷的水稻种植面积，在粮食总种植面积中的比重为 36%，高出水稻种植面积比重 12 个百分点。同期，杂粮年均产量达 5 309 万吨，仅次于 7 601 万吨的水稻年均产量，占粮食年均总产量的 30%；随着时间的推移，粮食总种植面积不断下降，2000~2005 年，粮食总种植面积缩减到年均 10 396 万公顷，其中，杂粮种植面积也处于不断下降的态势，缩减到年均仅 2571 万公顷，与 1952~1959 年相比缩小了 43.8%。而玉米种植面积呈不断扩大的态势，从 1952~1959 年的年均 1 443 万公顷扩大到 2000~2005 年的年均 2 464 万公顷，扩大了 71%。同期，杂粮年均产量依然保持在 5 000 万吨之上，这主要归功于杂粮单产水平的不断提高。从 1952~1959 年到 2000~2005 年，杂粮单产水平提高了 1.5 倍，高于水稻和大豆的单产上升水平；之后，在国家一系列强农惠农政策的支持下，粮食种植面积有所增加，2006~2011 年，粮食总种植面积达到年均 10 780 万公顷，然而由于国家支持粮食生产的政策主要针对大宗粮食作物，在土地等资源的约束下，杂粮种植面积下降到年均 2 356 万公顷，下降了 8.4%。同期，杂粮的产量也随之下降为年均 4 252 万吨。

2000 年以来，我国杂粮播种面积约占粮食播种面积的 14.4%，产量约占粮食产量的 9.6%，其中，其他谷物播种面积和产量占粮食播种面积和产量的比重分别为 3.4% 和 2.0%，食用豆类分别为 2.8% 和 1.0%，薯类分别为 8.2% 和 6.7%（见表 2-2）。总体来看，杂粮在我国粮食作物中所占比重较小，近几年杂粮种植面积基本稳定，产量年际间波动较大，这主要是由于杂粮生产比其他农作物生产更强地受到自然条件的约束。

杂粮在我国 31 个省、市、自治区均有种植，主要分布于中西部的经济落后地区，且集中度较高。具体看，2010~2012 年三年其他谷物平均产量前十位的地区中，位于中西部的省份有 6 个，产量合计占全国总产量的 50.1%，其中内蒙古和甘肃两个西部省份的份额合计为 23.5%，约占全国总产量的 1/4；2010~2012 年三年食用豆类平均产量前十位的地区中，位于中西部的省份有 5 个，产量合计占全国总产量的 49.4%，其中云南和四川两个西部省份的份额合计为 30.7%，约占全国总产量的 1/3；2010~2012 年三年薯类折粮平均产量前十位的地区中，位于中西部的省份有 7 个，产量合计占全国总产量的 52.2%，其中四川和重庆两个西部省、市的份额合计为 23.4%，约占全国总产量的 1/4（见表 2-3）。

表 2-2　　1995~2011 年中国杂粮播种面积和产量占粮食播种面积和产量比重　　单位：万公顷、万吨

年份	杂粮 面积	比重(%)	产量	比重(%)	其他谷物 面积	比重(%)	产量	比重(%)	食用豆类 面积	比重(%)	产量	比重(%)	薯类 面积	比重(%)	产量	比重(%)
1995	1 956	17.7	5 370	11.4	693	6.3	2 683	5.7	311	2.8	437	0.9	952	8.6	2 250	4.8
2000	1 949	17.9	5 263	11.3	559	5.1	1 168	2.5	336	3.1	410	0.9	1 054	9.7	3 685	7.9
2005	1 669	15.9	5 028	10.7	388	3.5	1 036	2.2	331	3.2	523	1.1	950	9.1	3 469	7.4
2006	1 465	13.5	4 118	8.9	392	3.6	921	2.0	285	2.7	496	1.1	788	7.5	2 701	5.8
2007	1 477	13.8	4 124	8.9	366	3.3	869	1.9	303	2.9	447	1.0	808	7.7	2 808	6.0
2008	1 495	13.7	4 193	9.0	353	3.2	820	1.8	299	2.8	393	0.8	843	7.9	2 980	6.4
2009	1 471	13.3	4 102	8.8	330	3.0	737	1.6	277	2.5	432	0.9	864	7.9	2 995	6.4
2010	1 473	13.4	4 321	9.3	322	2.9	818	1.8	276	2.5	389	0.8	875	7.9	3 114	6.7
2011	1 482	13.5	4 653	10.0	315	2.9	822	1.8	276	2.5	558	1.2	891	8.1	3 273	7.0

注：其他谷物面积(产量) = 粮食面积(产量) - 水稻面积(产量) - 小麦面积(产量) - 玉米面积(产量) - 豆类面积(产量) - 薯类面积(产量)；食用豆类面积(产量) = 豆类面积(产量) - 大豆面积(产量)；薯类产量为折粮产量。

资料来源：《中国统计年鉴》(2012)。

表 2-3　　2010~2012 年中国杂粮平均产量前十位的地区　　单位：万吨

其他谷物 地区	产量	占全国的比重(%)	食用豆类 地区	产量	占全国的比重(%)	薯类 地区	产量	占全国的比重(%)
内蒙古	127.0	15.3	云南	85.5	20.1	四川	463.3	14.4
吉林	80.7	9.7	四川	45.0	10.6	重庆	290.2	9.0
江苏	73.6	8.9	内蒙古	35.9	8.5	贵州	216.4	6.7
甘肃	73.6	8.9	江苏	25.5	6.9	甘肃	216.4	6.7
四川	67.9	8.2	重庆	24.7	5.8	山东	187.7	5.8
西藏	62.7	7.6	黑龙江	23.2	5.5	内蒙古	186.6	5.8

续表

\multicolumn{3}{c	}{其他谷物}	\multicolumn{3}{c	}{食用豆类}	\multicolumn{3}{c}{薯类}
地区	产量	占全国的比重（%）	地区	产量	占全国的比重（%）	地区	产量	占全国的比重（%）
辽宁	60.2	7.3	甘肃	18.5	4.4	云南	178.5	5.5
河北	57.3	6.9	湖南	17.6	4.1	广东	164.6	5.1
山西	43.5	6.9	浙江	15.5	3.6	河南	132.8	4.1
陕西	26.2	3.2	湖北	15.3	3.6	黑龙江	131.6	4.1
合计	672.7	82.9	合计	306.7	73.1	合计	2 168.1	67.2

注：其他谷物产量＝谷物产量－稻谷产量－小麦产量－玉米产量；食用豆类产量＝豆类产量－大豆产量；薯类的产量为折粮产量。

资料来源：《全国农业统计提要》（2010～2012）。

其他谷物中，主要品种有高粱、大麦和谷子，产量分别约占总产量的 30%、24% 和 19%，合计约占总产量的 70% 多，高粱主要分布于吉林、内蒙古和辽宁，这三个地区的产量合计约占总产量的 65%；大麦主要分布于江苏、甘肃和内蒙古，这三个地区的产量合计约占总产量的 65%；谷子主要分布于河北、内蒙古、辽宁和山西，这四个地区的产量合计占总产量的 70%。主要的食用豆有绿豆、红小豆、蚕豆、豌豆和芸豆等，其中绿豆和红小豆产量分别约占总产量的 25% 和 6%，合计约占总产量的 30% 多，绿豆主要分布于吉林和内蒙古，这两个地区的产量合计约占总产量的 40%；红小豆主要分布于黑龙江、吉林、江苏和内蒙古，这四个地区的产量合计约占总产量的 50% 多。主要的薯类有马铃薯和甘薯，其中马铃薯的折粮产量约占薯类折粮总产量的 50% 多。

不同杂粮种类之间、同一种类不同杂粮品种之间单位面积产量相差较大：高粱的全国平均产量约为 4 500 公斤/公顷，大麦和谷子则分别约为 3 400 公斤/公顷和 2 000 公斤/公顷；红小豆的单位面积产量约为 1 500 公斤/公顷，绿豆则约为 1 300 公斤/公顷；薯类的折粮单位面积产量约为 3 500 公斤/公顷，其中马铃薯则为 3 000 公斤/公顷；同一品种不同地区之间单位面积产量也相差较大：大麦单位面积产量最高的山东省约为 6 900 公斤/公顷，而最低的贵州省仅为约 1 000 公斤/公顷；绿豆单位面积产量最高的辽宁省约为 2 700 公斤/公顷，而最低的安徽省仅为约 350 公斤/公顷；马铃薯单位面积产量最高的吉林省约为 8 400 公斤/公顷，而最低的山西省仅为约 1 200 公斤/公顷。

2.1.2 我国杂粮的需求

1. 国内需求

在古代，五谷没有粗杂粮的分别，20 世纪 50 年代起，我国从口粮制度管理出发，将粮食人为地分为主粮、杂粮，或称细粮、粗粮。大米和小麦被称为细粮，其他就成了粗粮或杂粮，随着时间的推进，杂粮的内涵进一步缩小，目前指除稻谷、小麦、玉米和大豆的其他粮食作物。

大部分杂粮产品不但营养价值丰富，而且具有药用功效，医食同源。以我国薯类的代表马铃薯和甘薯为例，马铃薯含淀粉达 17%，维生素 C 含量和钾等矿物质的含量也很丰富，既可做主食，也可当蔬菜食用。甘薯蛋白质含量一般为 15%，其氨基酸组成与大米相似，脂肪含量仅为 0.2%，碳水化合物含量高达 25%。甘薯中红萝卜素、维生素 B_1、维生素 B_2、维生素 C、烟酸含量比谷类高，红芯甘薯中胡萝卜素比白芯甘薯高。甘薯中膳食纤维的含量较高，能够促进胃肠蠕动，预防便秘。

从膳食平衡的角度讲，粗细搭配有利于合理摄取营养素。适当多吃粗粮有利于避免肥胖和糖尿病等慢性疾病，与细粮相比，粗粮更有利于防止高血糖。如葡糖糖的血糖指数为 100，富强粉馒头为 88.1，精米饭为 83.2，小米为 71，糙米饭为 70，玉米粉为 68，大麦粉为 66，粗麦粉为 65，荞麦为 54，燕麦为 55，在主食摄入量一定的前提下，每天食用 85g 的全谷食品能减少若干慢性疾病的发病风险，还可以帮助控制体重。

近年来我国社会经济快速发展，居民的膳食状况明显改善。同时，我国居民膳食结构及生活方式也发生了重要变化，与之相关的慢性非传染性疾病患病率增加，已成为威胁国民健康的突出问题。中国营养学会认为，近 20 年来，我国居民的杂粮摄入量明显下降（见表 2-4），杂粮的消费水平较低。因此预计，随着经济的发展和人们健康意识的提高，中国居民特别是城镇居民营养偏好的变化将导致对杂粮的市场需求增长，而杂粮收入弹性较高，因而能够受到经济增长的持续拉动。

表2-4　　　　　1992年和2002年全国城乡杂粮平均摄入量　　单位：克/每人每天

能量的食物来源	城乡合计		城市		农村	
	1992年	2002年	1992年	2002年	1992年	2002年
其他谷类	35	24	17	16	41	26
豆类	12	18	15	20	12	18
薯类	20	14	12	11	26	15
合计	67	56	44	47	79	59

注：其他谷类=谷类-米（面）及其制品；豆类包括大豆。
资料来源：根据中国居民营养与健康状况调查（2002）计算得出。

近年来，随着我国食品加工业技术的进步，对杂粮的需求也呈较快增长趋势，如红小豆在食品加工和饮食业中应用越来越广泛，大粒红小豆还被用作生产小豆罐头；高粱既是北方部分地区的主食，又是酿酒的重要原料，还可以生产饲料、酒精、糖、日用品等；糜子除了作为主粮外，还可以酿酒，制作多种风味小吃，其相关附属品还可制作色素、生物农药等。

2. 国外需求

杂粮是我国传统的出口产品，并一直以原粮出口为主，销售市场主要集中在日本、韩国、我国香港、澳门及东南亚等周边国家和地区，出口西欧市场较少。大宗出口的杂粮主要有芸豆、小豆、荞麦、蚕豆、绿豆、高粱、谷子、豇豆、小扁豆等。由于杂粮生产属于劳动密集型产业，多年来国际杂粮价格远高于国内，加之我国生产的杂粮品质好、品种全，在国际市场上有很大竞争力。2011年，山西省岢岚县出产的高钙、低糖、高纤维、低脂肪的红芸豆深受欧洲市民他们的喜爱，价格上涨仍供不应求。

2.1.3　我国杂粮贸易

中国是杂粮重要的生产国和出口国，杂粮出口在我国农产品出口贸易中一直占有很重要的地位。近年来，国内外市场对杂粮的需求量逐年攀升，杂粮已成为我国最具有发展前景的农业产业之一。我国出口的杂粮产品有90%以上都是以附加值较低的原粮出口，因而在本部分分析中只考虑杂粮的原粮贸易，不考虑其加工产品：其他谷物数据采用联合国商品贸易数据库（UN Comtrade）中谷物（HS10，creals）数据减去小麦（HS1001，wheat and meslin）、玉米（HS1005，maize）和稻谷（HS1006，rice）的数据；国内外都将鲜食食用豆归为蔬菜，故食用豆数据采用联合国商品贸易数据库（UN Comtrade）中脱荚的干豆，无论是否去皮或分瓣（HS0713，Dried leguminous vegetables，shelled）数据；薯类数据采用联合国商品贸易数据库（UN Comtrade）中鲜或冷藏的马铃薯（HS0701，Potatoes，fresh or chilled）数据和鲜、冷、冻或干的含高淀粉或菊粉的根茎等（HS0714，Manioc，rrowroot，salep etc，fresh，dried，sago pith）数据之和。

中国一直以来坚持粮食自给自足，只进口少量的优质大米和小麦，玉米进口近乎为零。但现在这种情况已发生改变：中国已是全球最大的大豆进口国，同时还将玉米、小麦、大麦、大米列入其"购物清单"中。陈锡文（2012）认为，谷物和油料进口增多是不可避免的，"充分利用国际资源和国际市场已经变得非常必要，中国的农业产量在增加，但需求增加更快。"

1. 出口情况

2000年以来，中国各种类杂粮出口额都呈增加趋势，食用豆出口额增长幅度最大（见图2-4）。其他谷物出口额由2000年的0.3亿美元增加到2011年的1.2亿美元，增长了300%，出口金额最大的是荞麦，约占其他谷物出口总额的75%，其次是高粱，约占其他谷物出口总额20%多，其他的出口品种有大麦和燕麦；同期，食用豆的出口额由2.3亿美元增加到9.4亿美元，增长了308.7%，出口金额最大的是干芸豆，约占食用豆出口总额的65%，其次是干绿豆，约占食用豆出口总额的20%多，其他的出口品种有赤豆和干豌豆等；同期，薯类出口额由0.7亿美元增加到3.3亿美元，增长了371.4%，出口金额最大的是马铃薯，约占薯类出口总额的50%以上，其次是除木薯、甘薯以外的其他薯类，约占薯类出口总额的40%多，甘薯占近4%，木薯出口很少。

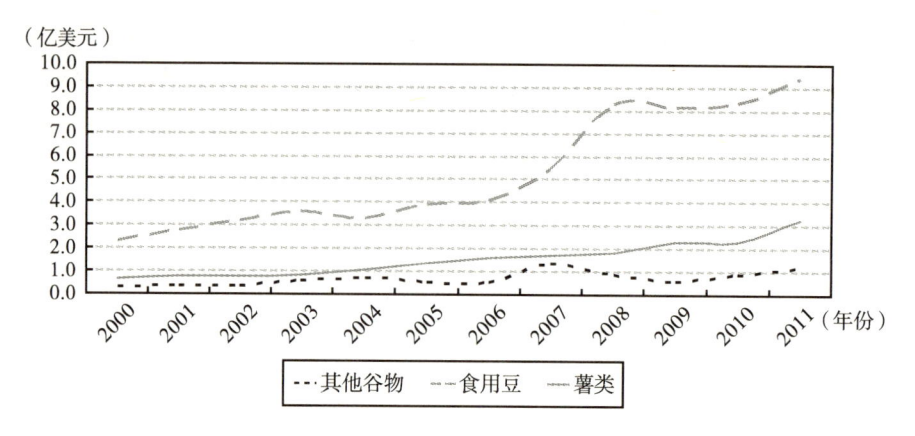

图 2-4 2000~2011 年中国杂粮出口情况

资料来源：UN comtrade。

2. 进口情况

2000 年以来，中国各种类杂粮进口额都呈增加趋势，薯类进口额增长幅度最大（见图 2-5）。其他谷物进口额由 2000 年的 3.1 亿美元增加到 2011 年的 6.3 亿美元，增长了 103.2%，进口金额最大的是大麦，约占其他谷物进口总额的 95% 多，中国已成为世界第二大大麦进口国，其重要的驱动因素是，中国城市人口的增多改变了中国人的饮食结构，增加了对肉类的需求，因而需要更多的动物饲料作物。其次是燕麦，2012 年燕麦进口达 8.3 万吨，比 2010 年、2011 年进口量增加 45.8% 和 47.3%。还进口少量的荞麦和高粱；同期，食用豆的进口额由 0.3 亿美元增加到 4 亿美元，增长了 13 倍多，进口金额最大的是干豌豆，约占食用豆进口总额的 75%，2012 年我国进口了 67.2 万吨豌豆，目前已成为仅次于印度的豌豆主要进口国家之一，进口的豌豆主要来自加拿大，其次是美国。其重要的驱动因素是，进口豌豆具有价格优势，豌豆淀粉作为粉丝制品的中间产品，独立销售优势明显，发展较快，中国进口豌豆数量的 1/3 用作食品原料，特别是休闲食品这几年的发展趋势迅猛，其他品种的食用豆也有少量进口；同期，薯类进口额由 0.3 亿美元增加到 13.9 亿美元，增长了 46 倍多，进口的薯类中几乎都是木薯，其他薯类进口都较少，其重要的驱动因素是，国内淀粉、酒精生产企业数量增长迅速，对原料的需求日益加大，国内的原料已经远远无法满足国内的生产需要，而且考虑到使用粮食作物进行生产成本较高，国家也限制了使用粮食作物进行淀粉、酒精生产的数量，越来越多的生产企业将原料市场转向了进口木薯，国内的木薯进口呈现出前所未有的火爆场面。

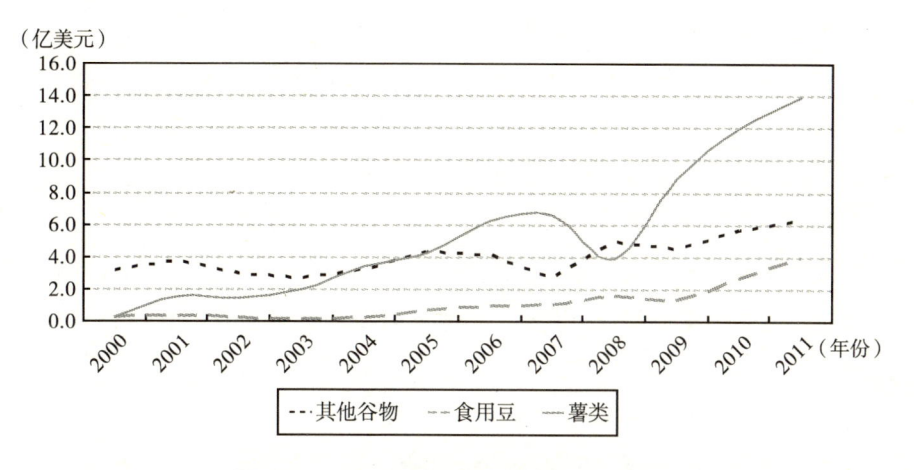

图 2-5　2000～2011 年中国杂粮进口情况

资料来源：UN comtrade。

总体来看，中国的杂粮贸易呈净进口的格局，且净进口的数值呈迅速扩大的趋势，杂粮的三大种类中只有食用豆是呈净出口格局。

2.2　我国杂粮产业发展前景

2.2.1　杂粮具有重要的开发利用价值

杂粮作为医、食双重功效兼备的重要新型食品资源，在现代绿色保健食品中占有重要地位。国际农业营养及卫生组织认为，荞麦在 21 世纪将成为一种主要的作物；燕麦以其独特的食疗效果给高血压、糖尿病患者带来福音；红豆有补血作用；甘薯有健胃通气、防癌抗癌等功效。中国中长期食物发展战略研究表明，在国人食用的粮食中，豆类组合占 2%，粗粮占 20%，而荞麦、燕麦、糜子等小杂粮应占粗粮的 35%。同时杂粮大都种植在偏僻地区，远离污染，其产品是一种无公害的天然绿色食品。

2.2.2 杂粮在种植业结构调整中具有不可替代的作用

我国不但杂粮种类多，而且占有一定的份额，栽培面积较大的小杂粮有荞麦、燕麦、大麦、糜子、绿豆、小豆、豌豆和蚕豆等。其中荞麦、糜子的面积和产量都居世界第二位，蚕豆占世界总产量的1/2，绿豆、小豆占世界总产量的1/3，是燕麦、豇豆、扁豆的主产国。杂粮生育期短，适应范围广，具有耐旱耐瘠等特点。它既可以作为填闲补种作物，又适宜于生产条件差的丘陵山地、新垦荒地和一些旱薄地种植，也可以与大宗作物如小麦、玉米等实行间作、套种、混种，提高土地利用率，优化粮食产量结构。

2.2.3 国内外市场前景广阔

杂粮是我国传统的出口商品，由于世界杂粮贸易量小而且在短期内杂粮生产依然是劳动密集型产业，单产较低而不稳，且不利于机械化生产，因而国际市场上大部分杂粮价格远高于国内，中国荞麦、豆类产品价格仅为发达国家的10%，在国际市场上具有很强的竞争力。在国内，随着人们饮食结构的改善和生活水平的提高，对优质无公害化杂粮的需求日益增长，杂粮的粮药兼用功能正迎合广大消费者"杂粮热"的健康时尚，促使杂粮需求增加，价格上涨。

2.2.4 经济欠发达地区农民脱贫致富的首选作物

杂粮在我国分布很广，各地均有种植，但主产区相对比较集中。从地理分布特点看，主要分布在我国高原区，即黄土高原、内蒙古高原、云贵高原和青藏高原；从生态环境分布特点看，主要分布在我国生态条件较差的地区，即干旱半干旱地区，高寒地区；从经济发展区域分布特点看，主要分布在我国经济不发达的少数民族地区、边疆地区、贫困地区和革命老区。杂粮在当地农民的收入中占有重要比例，如，吉林白城绿豆收入占农民收入的平均比例为24%，对于个别农户而言，绿豆收入就是全部收入来源。又如，山西省忻州市是杂粮主产区，14个县中有12个是贫困县，杂粮收入占农民收入的30%。

2.3 本章小结

（1）世界杂粮产量略有增加，收获面积在下降。发展中国家在粮食安全和耕地面积日益减少的压力下，杂粮的收获面积必然减少，然而在技术进步的推动下，单位面积产量在增加，但与发达国家相比，效率较低。

（2）近几年我国杂粮种植面积基本稳定，产量年际间波动较大，在我国粮食作物中所占比重不大。杂粮在我国各地均有种植，主要分布于中西部的经济落后地区，且集中度较高；随着人们营养意识的提高和食品加工业的发展，国内对杂粮的需求呈增加趋势，我国的杂粮在国际上具有竞争力，部分杂粮品种供不应求；需求的增加已使我国由杂粮净出口国转变为杂粮净进口国，且进出口的差额呈迅速扩大的趋势。

（3）杂粮营养价值高、医食同源，具有生育期短，适应范围广，耐旱耐瘠的生产特点；此外还是经济欠发达地区农民脱贫致富的首选作物，杂粮产业具有广阔的发展前景。

第3章

山西省杂粮产业发展现状

在对我国杂粮生产、消费和贸易的基本情况进行分析的基础上,本章选取我国杂粮主产省——山西省作为研究区域,结合实地调研了解到的情况,力求从微观层面深入了解我国杂粮产业的发展现状。本章的调研资料来源于农业部市场司组织的"建立健全鲜活农产品、小宗农产品市场监测和调控机制"课题,该课题组于2012年8月21~24日赴山西省太原市、大同市、忻州市调研,采用座谈和实地访谈的形式,对农业厅、市农业局的相关人员、蔬菜粮油批发市场负责人、蔬菜粮油批发商户、小杂粮加工企业负责人、农产品购销企业负责人、甜糯玉米合作社负责人和谷子合作社负责人等进行了访谈。调研组实地考察了大同市绿豆生产基地,随机访谈了大同市振华蔬菜批发市场有限责任公司的大蒜批发商户和太原市坞城南路粮油市场的粮油批发商户。本次调研的对象为杂粮和蔬菜等鲜活农产品,调研内容包括杂粮和蔬菜等鲜活农产品的生产和流通情况及市场运行中存在的问题,调研目的是探索防止我国鲜活农产品和小宗农产品价格大起大落的有效途径,提出建立健全我国鲜活农产品和小宗农产品市场监测和调控机制的具体政策建议。

3.1 山西省杂粮产业发展的主要特点

3.1.1 种类多、品质好

中国号称"世界杂粮王国",而山西是全国有名的杂粮产区,山西地处黄土高原，以旱地为主，光照充足，气候温和，热量资源丰富，非常适宜杂粮的生长，拥有着高粱、谷子、薯类、大麦、荞麦、燕麦、绿豆、小豆、豌豆、蚕豆、芸豆等上百个特色农产品，种植的杂粮作物有三十多个品种。2008~2010年杂粮平均播种面积77.2万公顷，约占全国的5.2%，位居全国第七，产量平均为62.3万吨，约占全国的1.5%，其中，谷子产量居全国第四位，绿豆产量居全国第五位，其他谷物产量居全国第八位。近年来，小米、荞麦、糜黍、绿豆、红小豆等黄土高原特色的杂粮日益受到市场青睐，有些杂粮种类为世界稀有珍品，如岢岚的红芸豆等。岢岚地处晋西北黄土高原中部山区，昼夜温差大，由于拥有独特的地理条件，生产出的红芸豆颗粒硕大、色泽鲜艳，味甘性温，高钙低糖，高纤维低脂肪，营养丰富，生产过程无污染，是公认的绿色无公害食品，已通过了国家无公害农产品认证，出口量约占全国的1/4，年实现产值亿元以上，是华北最大的红芸豆种植和生产基地，被全国粮食协会授予"中华红豆之乡"的殊荣。

3.1.2 面积和产量在波动中下降

2005~2010年，全国杂粮播种面积和产量都呈下降趋势。其中，面积从1 668.9万公顷下降到1 473.0万公顷，下降11.7%，产量从5 027.6万吨下降到4 320.7万吨，下降14.1%。山西杂粮播种面积和产量变化和全国趋势一致，但年度间波动较大。播种面积从2005年的90.8万公顷下降到2006年的69.1万公顷，随后又上升到2007年的83.2万公顷，之后一直在下降，2010年为76.6万公顷，年均下降2.8%。产量年度间波动幅度更大，从2005年的132.7万吨下降到2006年的103.6万吨，随后上升到2007年的119.3万吨，2009年又下降到62.6万吨，2010年则上升到70.9万吨，年均下降12.4%，其中，谷子的产量从38.2万吨下降至20.3万吨，下降46.8%，同期，高粱、荞麦、糜黍、夏杂豆、秋杂豆的产量降幅分别为52.4%、27.8%、28%、38.7%和11.4%，事实上，山西省统计年鉴的资料显示，在山西所有主要的杂粮品种中，只有燕麦的产量是上升的（见表3-1）。

表 3-1　　　　山西省 2005 年、2010 年主要杂粮品种
　　　　　　　　　（不包括薯类）产量　　　　　　　单位：吨

项　目	2005 年	2010 年	绝对数	增减幅度（%）
1. 谷子	381 899	203 000	-178 899	-46.84
2. 高粱	111 894	53 249	-58 645	-52.41
3. 其他谷物	133 725	108 336	-25 389	-18.99
（1）夏杂谷物	528	351	-177	-33.52
（2）秋杂谷物	133 197	107 985	-25 212	-18.93
其中：燕麦	29 267	32 266	2 999	10.25
荞麦	12 825	9 256	-3 569	-27.83
糜黍	86 092	61 971	-24 121	-28.02
4. 杂豆	106 944	86 000	-20 944	-19.58
（1）夏杂豆	32 072	19 649	-12 423	-38.73
（2）秋杂豆	74 872	66 351	-8 521	-11.38

资料来源：山西省农业厅市场信息处。

3.1.3 价格整体上涨，大部分品种波动剧烈，2011年以来市场较为稳定

粮食流通体制改革后，我国杂粮市场完全放开，属于完全竞争市场，价格由市场决定，政府基本没有介入调控。2005 年以来杂粮价格呈波动上涨趋势。2005 年 1 季度至 2010 年 4 季度，杂粮生产价格平均涨幅为 8.5%，波动幅度最大的是 2008 年，平均增长率为 14.4%，2009 年涨幅最小，平均为 3.3%。其中，绿豆、谷子、薯类价格波动较大。绿豆的价格波动最大，生产价格最高涨幅发生 2010 年，平均为 38.8%。据大同市三利公司经理介绍，2010 年前后杂粮价格波动普遍较大。2010 年大同本地的小明绿豆价格最高达到 10 元/斤，但随后价格快速下跌，3 天内就从 10 元/斤下跌到 6 元/斤，当时本地很多企业都损失惨重。2011 年以来价格普遍

较为稳定，没有再出现前几年剧烈波动的现象。目前，大同地区小明绿豆价格在3.6元/斤，同比下降11.6%；忻州的小米价格1.75元/斤，同比下降10.3%；红芸豆价格为3.2元/斤，同比上升14.3%。

3.1.4 部分品种是我国传统的出口品种，在谷物出口中占有重要地位

杂粮是我国传统的出口产品。2008年以来，杂粮出口一直占我国谷物出口总金额的10%左右。山西省是杂粮出口的主要省份，出口的主要品种包括豆类、谷穗、谷子、糜子、红芸豆、荞麦等杂粮原粮、杂粮制品以及鸟食饲料产品。山西忻州市五寨县汇丰贸易有限公司是一家专门加工、出口杂粮的民营股份企业。汇丰董事长介绍，企业主要出口英国红芸豆、谷穗、谷粒、黍子、荞麦等多种鸟食饲料。2011年出口英国红芸豆7 000吨（忻州英国红芸豆产量30 000吨），各种鸟食饲料5 000吨。近几年出口形势较好，尤其是红芸豆，2011年价格一路看涨，离岸价格达到了8 000元/吨，较上年提高20%以上。

3.1.5 省政府在全国率先实施杂粮补贴，取得一定效果

山西省农业厅从2010年起实施杂粮补贴（40元/亩），2011年补贴标准提高到43元/亩，2012年进一步提高到80元/亩，新增马铃薯补贴（60元/亩），市场需求的增加和政策的支持，使得近两年山西省部分地区杂粮的种植面积和产量有所增加。以阳泉市为例，2011年谷、薯、豆等杂粮作物种植面积达23.03万亩，较上年增长4.21%，总产量达到3 612万公斤，比上年增产9.5%。山西省农业厅决定2012年内启动实施杂粮产业振兴计划，通过加大研发推广力度、发展杂粮主食工业化、培育大型龙头企业、整合打造知名品牌、建设商品生产基地等措施，重点发展谷子、荞麦、燕麦、马铃薯、红芸豆、绿豆、高粱7种优势杂粮。

3.2 山西省杂粮生产成本收益情况

3.2.1 忻州杂粮生产概况

忻州市地处山西中北部黄土高原区，属中温带半干旱大陆性季风气候带，是一个以大秋作物和小杂粮为主的一年一熟制农业区。玉米和小杂粮是忻州最具生态资源优势的农产品，尤其是小杂粮，种植历史悠久，面积广泛，种类繁多，品质优良，远近闻名。在山西省11个市中，忻州市谷子和高粱的播种面积和产量位居第一，谷子播种面积和产量分别占山西省的23.5%和23.7%，高粱的播种面积和产量分别占山西省的9.8%和7.4%；红小豆和薯类的播种面积和产量位居第二，红小豆的播种面积和产量分别占山西省的43.5%和61.1%，薯类的播种面积和产量分别占山西省的27.8%和24.8%；其他谷物（莜麦、荞麦）的播种面积和产量位居第四，播种面积和产量分别占山西省的39.6%和48%；绿豆的播种面积和产量位居第六，播种面积和产量分别占山西省的4%和2.6%（见表3-2）。因而，忻州市杂粮生产的成本收益情况在山西省具有很好的代表性。

表3-2　　　　山西省各地区杂粮播种面积和产量　　　单位：千公顷、吨

地区	谷子 播种面积	谷子 产量	高粱 播种面积	高粱 产量	其他谷物 播种面积	其他谷物 产量	绿豆 播种面积	绿豆 产量	红小豆 播种面积	红小豆 产量	薯类 播种面积	薯类 产量
太原市	7 173	9 440	2 203	13 931	4 834	4 085	226	187	166	164	7 812	12 046
大同市	18 702	35 129	2 573	6 616	37 683	52 551	4 728	3 704	1 454	2 854	25 719	48 889
阳泉市	4 162	8 736	14	35	521	228	93	105	25	29	2 402	5 815
长治市	15 709	51 405	1 927	8 467	1 546	2 085	104	178	38	53	12 561	50 779
晋城市	8 794	27 550	423	2 132	134	484	162	150	245	86	3 909	20 694
朔州市	6 071	12 235	2 268	4 079	44 417	55 093	2 125	1 427	43	54	32 522	69 264
晋中市	14 970	39 244	4 109	22 834	4 413	7 218	479	764	281	427	8 724	33 974
运城市	1 996	5 592	667	3 046	56	131	26 744	26 308	397	599	9 084	45 061

续表

地区	谷子 播种面积	谷子 产量	高粱 播种面积	高粱 产量	其他谷物 播种面积	其他谷物 产量	绿豆 播种面积	绿豆 产量	红小豆 播种面积	红小豆 产量	薯类 播种面积	薯类 产量
忻州市	32 624	71 398	2 593	6 799	47 934	72 638	1 983	1 248	3 054	4 447	43 433	100 638
临汾市	16 576	38 598	1 438	5 424	6 971	9 702	10 182	10 732	1 389	1 121	11 424	37 168
吕梁市	44 485	73 508	10 859	24 702	20 481	19 874	4 680	4 887	2 981	1 889	42 318	82 478

注：其他谷物包括燕麦和荞麦；薯类包括马铃薯和红薯。

资料来源：《山西省农村统计年鉴》，山西省统计局，2010。

3.2.2 忻州杂粮生产成本收益情况

根据忻州市农业局提供的数据，2008～2012年，除红芸豆外，其他主要杂粮品种播种面积基本稳定，变化不大甚至没有变化，红芸豆播种面积由18万亩增加到25万亩，增幅为38.9%。除燕麦外，其他主要杂粮品种的单产都有提高，谷子由180公斤/亩增加到230公斤/亩，增幅为27.8%，红芸豆由120公斤/亩增加到140公斤/亩，增幅为16.7%，蚕豆、豌豆由100公斤/亩增加到110公斤/亩，增幅为10%。收购价格和批发价格也都在提高，收购价格增幅高于批发价格，如红芸豆的收购价格由2008年5.6元/公斤上涨至6.6元/公斤，涨幅为17.9%，批发价格也由6.8元/公斤上涨至8元/公斤，涨幅为17.6%；再如谷子的收购价格由2008年3.4元/公斤上涨至3.6元/公斤，涨幅为5.9%；小米的批发价格也由6元/公斤上涨至6.2元/公斤，涨幅为3.3%。主要杂粮品种销量基本上也在增加，2008～2012年，红芸豆、小米、蚕豆、豌豆的销量分别增加了50%、25%和17.6%（见表3-3）。根据测算，红芸豆、谷子、蚕豆、豌豆、燕麦每亩销售收入的平均值为687元/亩，以此近似地作为杂粮的每亩收入，杂粮的每亩成本平均为300～340元（见表3-4），由此得出杂粮每亩纯收入约为347～387元。在杂粮生产的各项成本中，人工成本增加最多，以大同市大同县清泉村绿豆种植大户为例，2012年与2011年相比，种子（15元/亩）、肥料（100元/亩）、薄膜（30元/亩）、机械（100元/亩）的成本保持不变，用工量（15个/亩）也不变，每天每工的成本由 60 元增加到 100 元，仅此一项使得每亩的成本由 1 145 元增加到 1 745 元，增幅为 52.4%。

表 3-3　　　　　　　　忻州市主要杂粮市场变化情况

品种	项目	2008 年	2010 年	2012 年
红芸豆	种植面积（万亩）	18	20	25
	亩产（公斤）	120	130	140
	收购价（元/公斤）	5.6	6.6	6.6
	批发价（元/公斤）	6.8	7.2	8
	销量（万吨）	2	2.4	3
谷子	种植面积（万亩）	40	40	40
	亩产（公斤）	180	200	230
	收购价（元/公斤）	3.4	3.8	3.6
小米	批发价（元/公斤）	6	6.5	6.2
	销量（万吨）	4	4.2	5
豌豆、蚕豆	种植面积（万亩）	15	15	15
	亩产（公斤）	100	100	110
	收购价（元/公斤）	5.2	5.4	5.6
	批发价（元/公斤）	6.2	6.2	6.4
	销量（万吨）	0.9	0.9	1
燕麦	种植面积（万亩）	30	30	30
	亩产（公斤）	100	100	100
	收购价（元/公斤）	3.4	3.6	3.8
	批发价（元/公斤）	3.6	3.8	4
	销量（万吨）	1.5	1.5	1.5
劳动成本（元/日）		50	70	110

注：2012 年价格和销量数据应为估计值。
资料来源：忻州市农业局。

表 3-4　　　　　　忻州市主杂粮生产成本变化情况　　　　　　单位：元/亩

种子	化肥	农肥	机械	植保	拉运	地膜覆盖	合计
30	80	100	50	10	30	40	300（340）

注：地膜覆盖费用不是必需的。
资料来源：忻州市农业局。

3.3 山西省杂粮产业发展存在的问题及对策

3.3.1 存在的突出问题

1. 种植分散，生产方式落后，产品质量不稳定

杂粮多种植在干旱、半干旱的瘠薄地和山坡地，或与其他作物间作套种，种植分散，难以进行机械化操作，全靠农民人工投入。农户普遍管理粗放，栽培技术落后，标准化生产技术推广应用难度较大。分散的种植方式和粗放管理造成产品异色率、异型率高，品种互混严重，优质率和商品率较低，产品质量不稳定。以绿豆为例，收获时需要完全依靠手工采摘，为保证绿豆质量，需分次采摘成熟的绿豆，若人工投入不足，或者成熟绿豆裂开洒落地里，或者不论成熟与否一起采摘，都会影响绿豆产量和质量。

2. 加工水平较低，产品附加值低

尽管杂粮加工业发展较快，但整体来看山西省杂粮加工业基本处于低水平层次。产品形式单一，加工、包装技术落后，卫生性、安全性、营养性差，产品附加值低。大多数杂粮加工企业都是将原粮简单进行包装之后就投入市场，进一步深层次加工的数量所占比重小，多层次开发的产品为数更少。杂粮的保健功能开发得很少，功能型、保健类、便捷化产品较少。作为绿豆主产区的山西省大同市，小明绿豆由于品质好深受南方消费者欢迎，但目前大同没有一家绿豆深加工企业，产品基本上以初级产品进行销售。出口的产品也以原粮为主，加工制成品占出口量的份额很小。

3. 科研力量薄弱，品种陈旧

杂粮产业长期缺乏政府资金支持和技术投入，研究基础薄弱，研究力量小而分散，品种改良、品种创新工作远远滞后于产业发展需要。由于品种更新慢，加之原有品种退化、混杂严重、商品质量下降等，严重影响了我国杂粮产业的发展。调研中发现，谷子品种"晋谷 21 号"是从 1994 年、1995 年引进的，到如今仍然是主栽品种。忻州市忻府区甄家庄小米专业合作社社长反映，目前"晋谷 21 号"没有能够替代的更好的品种，由于种植时间太长，病虫害明显加重，严重影响谷子的质量和产量。其他的杂粮品种也都是农民自己选种，多年没有更换。

4. 政策扶持力度不大，农户种植积极性不高

我国在粮食直补等政策上只考虑小麦、水稻、玉米等大宗作物，而没有把杂粮的种植纳入相关补贴范围。虽然山西省对于杂粮给予补贴，但补贴标准低于小麦，农民的种植积极性不高。大同市大同县清泉村绿豆种植大户反映，由于杂粮产量低，价格不稳，人工投入又大，很多农户不愿意种植，能种玉米的都种玉米了，有的干脆不种外出打工了。

3.3.2 对策建议

杂粮具有广阔的发展前景，是经济欠发达地区主产区农民增收的重要途径之一，然而在发展中面临着众多问题和制约因素，根据对山西省杂粮产业发展调研了解的情况，提出下列政策建议。

1. 加大对杂粮生产的支持力度

一是加强基础设施建设，提高生产能力。加大对杂粮主产区耕地改良的投资力度，改善农业生产条件，提高耕地综合生产能力。二是将杂粮列入补贴范畴，提高农民种植积极性。山西省从 2010 年起对除薯类以外的杂粮进行补贴，补贴标准逐年提高，2012 年将马铃薯也纳入补贴范围。目前杂粮的补贴标准为 80 元/亩，马铃薯补贴标准为 60 元/亩，低于小麦（85 元/亩），而高于玉米（60 元/亩）。建议参照山西省的做法和补贴标准，对主产区杂粮生产给予补贴，提高农户种植积极性，提高土地利用率，稳定增加种植面积，提高杂粮产量。

2. 加大农业科技投入力度，加快优良品种的繁育、引进和推广

加大对杂粮科研的支持力度，积极开展杂粮新品种选育和配套栽培技术研究。以绿豆为例，调研中了解到，提高豆农收入的关键是要提高绿豆品质，而采用新品种和新技术是提高绿豆品质的最有效途径。《忻州市杂粮振兴工程总体实施方案》中，已委托中国农业大学规划创建杂粮研发中心，目的是加强杂粮新品种新技术的研发推广，尤其是杂粮精深加工品及营养保健品的研制开发。建议借鉴忻州的做法，在杂粮主产区建立杂粮研发中心，各级政府给予政策和资金上的扶持。

3. 重点扶持杂粮加工龙头企业，延长产业链，提高附加值

目前山西杂粮多为原粮销售，附加值低。建议充分发挥龙头企业的带动作用，鼓励企业引进先进技术和设备，加大科研投入力度，对产品进行精加工和深加工，提高产品附加值，提高经济效益，即把杂粮经初加工或深加工后，变成各种各样集方便、营养、保健于一体的美味食品，打入北京、上海等大中城市的超市和批发市场，延长产业链，提高杂粮的经济效益。

4. 建立储备调控机制，引导杂粮市场平稳健康运行

杂粮主产区大多生态环境脆弱，自然灾害频发，因而杂粮产量年际间波动较大。国家粮食储备系统从20世纪60年代中期起就不再收储薯类。从1985年起彻底放开杂粮市场，储运买卖完全由社会市场化运作。而一定规模的杂粮储备对平抑市场波动、缓冲市场压力、保护农民和加工企业利益、保障杂粮产业的健康平稳发展是十分必要的。因此，可比较现行粮食储备办法，建立杂粮储备风险基金制度和杂粮储备库。

3.4　本章小结

（1）山西省是全国有名的杂粮产区，杂粮种类多、品质好，近年来由

于玉米效益好，种植面积扩大，杂粮种植面积和产量都呈下降趋势。为了促进杂粮产业的发展，山西省农业厅从 2010 年起参照大宗粮食作物给予杂粮补贴，且补贴标准逐年提高。此外，山西省农业厅决定 2012 年内启动实施杂粮产业振兴计划，通过加大研发推广力度、发展杂粮主食工业化、培育大型龙头企业、整合打造知名品牌、建设商品生产基地等措施，重点发展谷子、荞麦、燕麦、马铃薯、红芸豆、绿豆、高粱 7 种优势杂粮。

（2）杂粮价格整体上涨，大部分品种波动剧烈。通过调研发现，杂粮生产成本增加是杂粮价格上涨的主要原因，而生产成本中人工成本上涨幅度最大。

（3）山西杂粮产业发展面临着"种植分散、生产方式落后、深加工不足、科研工作滞后、政府扶持力度不足"等一系列问题，解决这些问题的具体措施为：加大对杂粮生产的支持和科研推广投入，提高产品附加值和建立储备调控机制。

第4章

我国杂粮价格波动趋势分析

4.1 国际农产品价格波动对国内农产品价格的影响

4.1.1 背景分析

乌拉圭回合谈判达成的《农业协定》主要试图解决持续多年的农产品供给过剩和价格低迷问题,为此从扩大市场准入、削减出口补贴和限制国内支持三个主要方面推进各国的政策改革,以强化市场机制对农业生产和消费的调节作用。

正是在这一背景下,美国、欧盟、巴西等一些面临农产品过剩困扰的国家和地区开始实施鼓励利用粮食、油料、糖料等食用农产品生产生物能源的政策,其目的一方面是降低对能源进口的依赖,从而增强本国的能源安全,另一方面是减少粮、油、糖的库存积压从而抬高这些产品的价格和增加生产者收入。根据美国 IOWA 大学发布的统计数据,2011 年美国生产生物乙醇消耗玉米 1.27 亿吨,生产生物柴油消耗油脂 334 万吨;巴西生产生物乙醇消耗甘蔗 3.07 亿吨;欧盟生产生物乙醇消耗各种谷物 914 万吨,生产生物柴油消耗各种油脂 810 万吨(FAPRI,2012)。很明显,生物能源生产发展显著改变了全球粮食、油料和糖料的供求平衡格局。这一新发展与发展中国家居民食物消费增加和结构升级、全球用于农业科技研发的公共投入增幅下滑、主要国家的农业支持政策趋于与产出脱钩等因素结合在一起,导致需求增长速度快于供给增长速度,这些大宗农产品的实际价格也随之从持续多年的下跌转为上涨（见图4-1）。

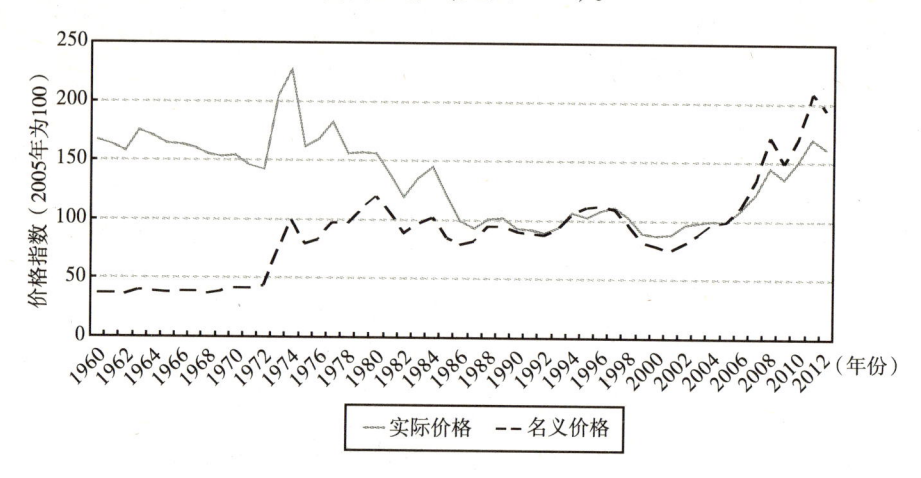

图4-1 国际农产品价格长期演变态势
资料来源：世界银行 Commodity Price Data（World Bank，2012）。

针对生物能源发展对全球大宗商品价格的影响及其社会和环境后果有很多研究。根据OECD-FAO（2012）做出的预测，2013~2021年，谷物、油料和糖料价格均有所上升，但涨幅仅为10%左右。FAPRI（2012）做出的预测与此相类似。总体来看，虽然农产品能源化显著改变了食用农产品的供求平衡关系，但在正常的气候和经济环境下尚不至于造成严重的全球粮食安全问题。另一方面，生物能源需求的收入弹性高，并且生产和使用相对集中在高收入国家，这导致国际市场农产品供给紧缺时出现非食用需求与食用需求之间的竞争，其背后则是发达出口国与落后进口国之间对粮、油、糖等产品的竞争，这使得发展生物能源在道义角度遭受质疑。因而生物能源生产发展不只是改变了农产品的需求数量、结构和地理分布，而且还改变了不同类型国家之间的利益分配格局。

需要注意的是，虽然农产品价格上升对消费者有不利影响，但生产者会从中受益。在大多数发展中国家，农民是收入较低的弱势群体，提高农民收入和缓解贫困通常是重要的政策目标之一。从这一角度看，发展生物能源生产对于推进农业农村发展具有积极意义，只不过受益者可能主要是那些商品化程度高的大农户。

在全球流动性过剩和金融监管缺失的背景下，大宗商品价格波动呈现加剧态势。世界市场农产品名义价格从21世纪初开始快速上升,2007年后还出现大幅波动,呈现"高水平、高波动"的模式。

4.1.2 国内外农产品比价变化

入世以来,我国政府出台了一系列对农产品市场运行具有影响的政策,如2004年后的财政支农政策、2008年为抑制国内市场农产品价格上涨采取的限制出口和鼓励进口的政策、2009年为防止农产品价格大幅下跌采取的鼓励出口政策和粮油临时收储政策等。这些政策在不同时期、不同环境下引入,目标各有所侧重,作用机制也各不相同,但产生的一个共同问题是对国内市场价格信号造成扭曲,由此带来一些非预期的效应。从典型农产品国内价格与国际价格的比值变化情况(见图4-2)可以看出,即便是对于高度开放的大豆,国内外价格比值也出现了较大幅度的波动,受政策干预较强的大米和玉米价格偏离国际市场的幅度更大。

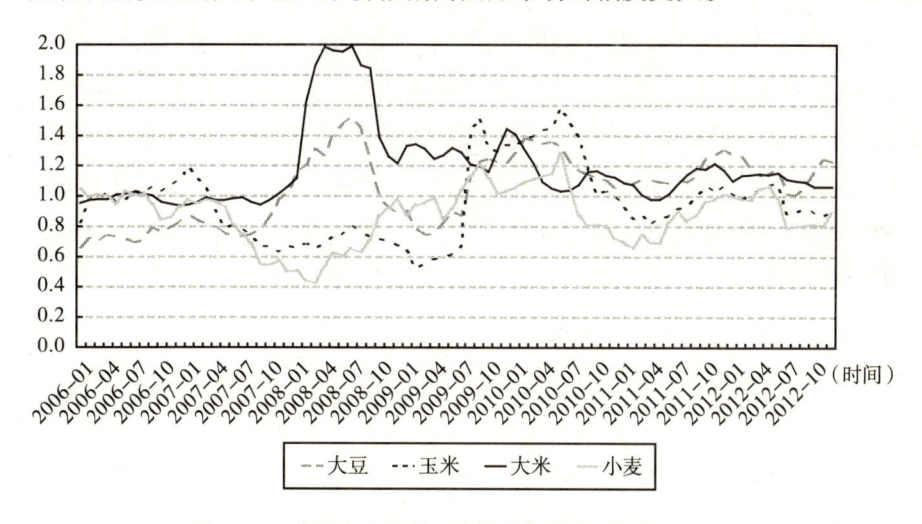

图4-2 典型农产品的国内价格和国际价格比值变化
资料来源:国际市场价格来自世界银行,国内市场价格来自中国粮食信息网和中国棉花网。

4.1.3 微观主体获取价格信息的能力和反应能力

入世以来,由于市场信息不完备使我国涉农企业决策发生严重失误的情况已经多次发生，其中最为典型事件的是2004年和2012年发生的美国农业部发布"误导性"大豆市场信息对我国大豆进口决策产生的影响。

2003年后期，美国农业部以天气条件不利为理由连续下调美国的大豆产量和库存量预测，同时认为我国需要增加大豆进口，美国大豆期货价格随之大幅上涨。这些信息引起我国压榨企业在高价位大量签订进口定购合同。然而2004年4月后，美国农业部开始连续上调大豆产量预测，再加上南美大豆获得丰收，引起大豆期货价格大幅下跌。面对急剧的市场价格变化，很多签订了进口合同的中国企业选择推迟船期、推迟支付款项、违约退货等做法，蒙受了严重的经济损失，导致很多陷入困境的企业破产或被其他企业收购，包括进入中国的外资企业。我国大豆压榨业中有很多人认为，中国企业陷入了美国布下的局。

类似的情况在2012年再度发生。2012年，美国中西部农业主产区发生严重的旱灾，玉米和大豆生产受到较大影响。美国农业部根据灾情演变，多次调整对市场前景的预测，5月初，三种作物的生产尚处于正常状态。由于玉米播种进展快并且出苗良好，美国农业部对2012年的玉米生产前景做出相当乐观的预测，预期总产量将比2011年增长20%，创新的历史纪录；预期小麦和大豆总产量同比分别增长12.3%和3.6%。到6月时虽然旱灾已经发生，但美国农业部对三种作物的生产前景仍保持乐观。进入7月后，持续性干旱对夏季农作物单产的影响开始显现，美国农业部于该月作的展望报告分别将玉米和大豆总产量下调12%和5%，由于冬小麦已经收获完毕，小麦总产量预测仍基本维持上期水平。8月和9月，美国农业部进一步下调了玉米和大豆的总产量。

由于美国在世界玉米和大豆市场上占有极其重要的地位，美国政府发布的减产信息引发全球范围对粮食供应前景的担忧。国际粮商和投机者普遍预期，玉米和大豆供给短缺将引起价格大幅上涨。在农产品期货已经向金融投资品转化的市场环境下，这种预期很快就体现在玉米、大豆等农产品的期货期权交易上，美国主要商品交易所的报价开始急剧上涨，现货市场价格也在一个月左右上升30%~40%。除了美国媒体极力渲染灾情的影响外，FAO等一些国际机构也发出了粮价上涨和剧烈波动有可能对粮食安全构成威胁的警告，并强调要关注抢购、囤积、限制贸易等行为。

这样的信息对我国相关企业的决策产生了影响。尽管国际市场价格处于高位，我国企业却急于买进谷物和大豆，进口数量随之增加。然而到了10月，美国农业部发布的展望报告同时调高了大豆面积和单产的估计值，总产量预测上调了9%。11月发布的预测更为乐观。从10月开始，大豆期货和现货价格开始下降，与年内峰值相比降幅超过20%，致使前期以高价定购大豆的一些国内压榨企业面临亏损局面，随之出现大量取消进口订单的情况。

一些人认为，2012年美国农业部通过发布错误的市场信息再度"忽悠"了中国企业。无论这种说法是否有道理，其背后的本质问题是我国自身缺乏获取可靠的国内外市场信息的能力，而信息不对称严重损害了本国企业参与国际竞争的能力，进而影响到国内市场运行绩效。进一步看，对市场前景缺乏判断依据也影响到政府的政策制定，如最低收购价格和储备量的确定。2012年的情况再度揭示，在开放的市场环境下，如果我国仍不能搞清自己的家底，也未能建立起自己的全球市场信息体系，那么类似的风险不可避免地还会发生。在缺乏可靠信息的情况下，争取我国在国际市场上的"话语权"只能是奢谈。

4.2 我国杂粮价格波动概况

通过上面的分析可以发现，尽管入世以来，我国农产品的开放程度不断提高，国际农产品市场价格变化可以迅速传导到国内并对国内农产品市场价格产生影响，然而由于我国政府实施的一系列涉农政策，加之我国的微观主体获取价格信息的能力和反应能力十分有限，国内农产品价格被严重扭曲，国际农产品价格传导作用有限，对于市场化程度较低的杂粮而言，传导作用更是有限。因而，在本部分中只考虑国内杂粮价格的波动，不考虑与国际杂粮价格波动的关系。

4.2.1 其他谷物、豆类和薯类价格波动情况

总体看，杂粮生产价格在波动中呈上升趋势，2007年以来波动剧烈

（见图4-3）。2005年1季度至2011年4季度，杂粮生产价格的平均涨幅为8.2%，波动幅度最大的是2010年，平均增长率为18.1%，2005年涨幅最小，平均为3.1%，2009年杂粮的生产价格下降了，平均降幅为0.9%。按季度看，2010年4季度涨幅最大，为23.9%，2005年3季度涨幅最小，仅为1.4%，2009年1、2、3季度都是下降的。

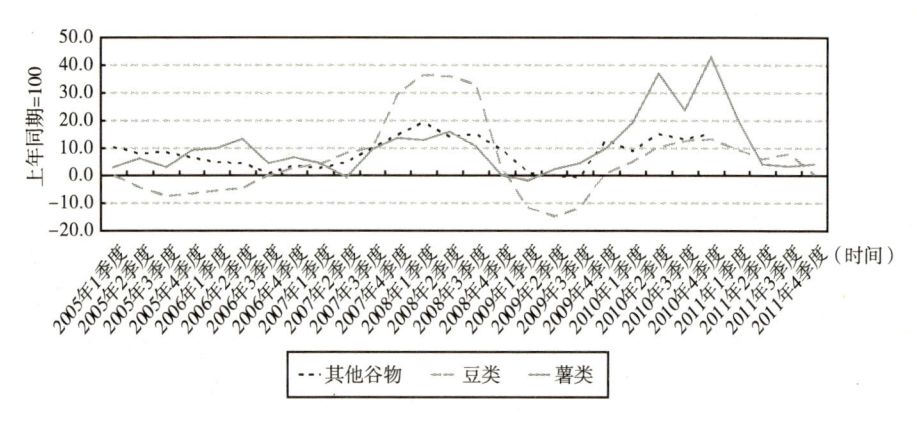

图4-3 各种类杂粮生产价格增长率

注：豆类包括大豆；2012年国家没有发布其他谷物的生产价格指数。
资料来源：《中国农产品价格调查年鉴》（2006~2012年）。

分种类看，2005年1季度至2011年4季度，薯类涨幅最大，其次是其他谷物和豆类，生产价格平均涨幅为10.5%、8.5%和5.7%。薯类生产价格的最高涨幅发生在2010年，平均为30.8%，2005年涨幅最低，平均为5.4%；其他谷物生产价格的最高涨幅发生在2008年，平均为13.1%，2009年涨幅最低，平均为3.3%；豆类生产价格的最高涨幅发生在2008年，平均为26.9%，2011年涨幅最低，平均为6%，2005年、2006年、2009年都下降，平均降幅为4.6%、2%和10%。

杂粮种类多，每一大类都包含许多品种，现有的豆类统计口径又将大豆包含在内，因而上面的分析不能准确反映杂粮价格波动情况，鉴于此，下面将在每一大类下选取代表性品种进行生产价格波动分析。

4.2.2 其他谷物价格波动情况

2005年1季度~2010年4季度，其他谷物的主要品种生产价格都呈上升趋势（见图4-4）。荞麦涨幅最大，其次是谷子、高粱和大麦，平均涨幅分别为13.3%、9.5%、7.4%和4%，其中荞麦和谷子的涨幅高于其他谷物的平均涨幅。荞麦生产价格的最高涨幅发生在2010年，平均为23.6%，2007年涨幅最低，平均为5.4%；谷子生产价格的最高涨幅发生在2008年，平均为18.6%，2009年涨幅最低，平均为4.9%；高粱生产价格的最高涨幅发生在2008年，平均为12.7%，2006年涨幅最低，平均为1.4%；大麦生产价格的最高涨幅发生在2007年，平均为14.3%，2005年涨幅最低，平均为0.9%，2006年和2009年生产价格是下降的。

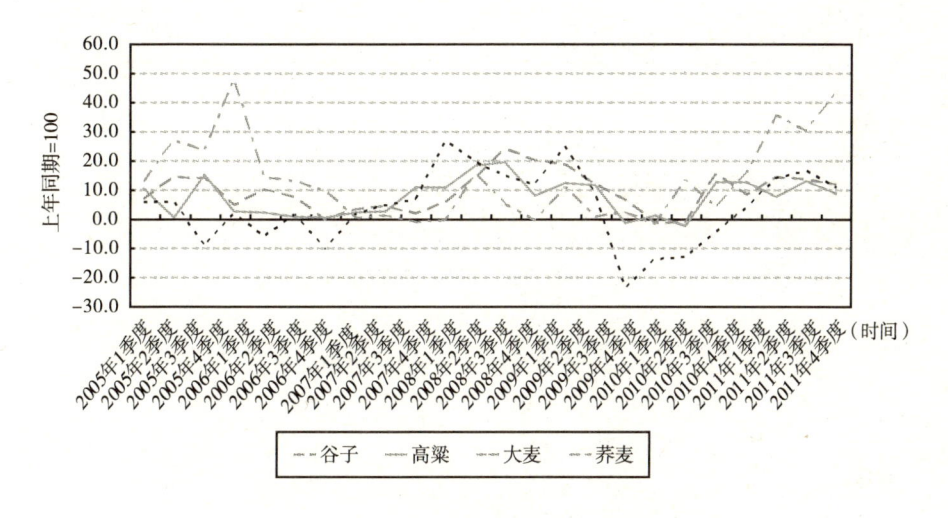

图4-4 其他谷物主要品种生产价格增长率

注：2012年国家没有发布其他谷物任何品种的生产价格指数。

资料来源：《中国农产品价格调查年鉴》（2006~2011年）。

4.2.3 豆类价格波动情况

归为杂粮的豆类品种众多，近年来价格波动较大的品种除了绿豆外，还有芸豆、蚕豆、豌豆等，然而由于国家统计局在2012年只公布了绿豆和红小豆的生产价格指数数据，为了获得较长的时间序列，只选择绿豆和红小豆两个品种进行分析。

2005年1季度至2011年4季度，绿豆和红小豆生产价格都呈上升趋势，平均涨幅分别为9.3%和7.5%，都高于豆类的平均涨幅（见图4-5）。绿豆生产价格的最高涨幅发生在2010年，平均为38.8%，2011年涨幅最低，平均为1.6%，2010年下降了0.6%；红小豆生产价格的最高涨幅发生在2010年，平均为18.7%，2009年涨幅最低，平均为1.9%，2006年下降了2.1%。

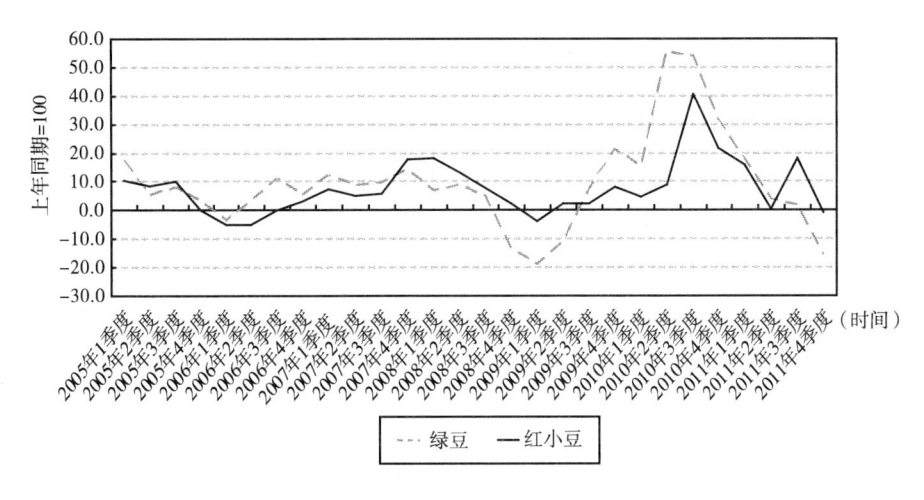

图4-5 豆类主要品种生产价格增长率

资料来源：《中国农产品价格调查年鉴》（2006~2012年）。

4.2.4 薯类价格波动情况

马铃薯和甘薯是我国薯类的主要品种，仅马铃薯的产量就约占我国薯类产量的80%以上，且这两个品种都有完整的生产价格指数数据，代表性强。

2005年1季度至2011年4季度，马铃薯和甘薯生产价格都呈上升趋势，平均涨幅分别为11.7%和8.9%，其中马铃薯的涨幅高于薯类的平均涨幅（见图4-6）。马铃薯生产价格的最高涨幅发生在2010年，平均为39.5%，2009年涨幅最低，平均为3.7%；甘薯生产价格的最高涨幅发生在2011年，平均为18.3%，2005年涨幅最低，平均为2.6%。

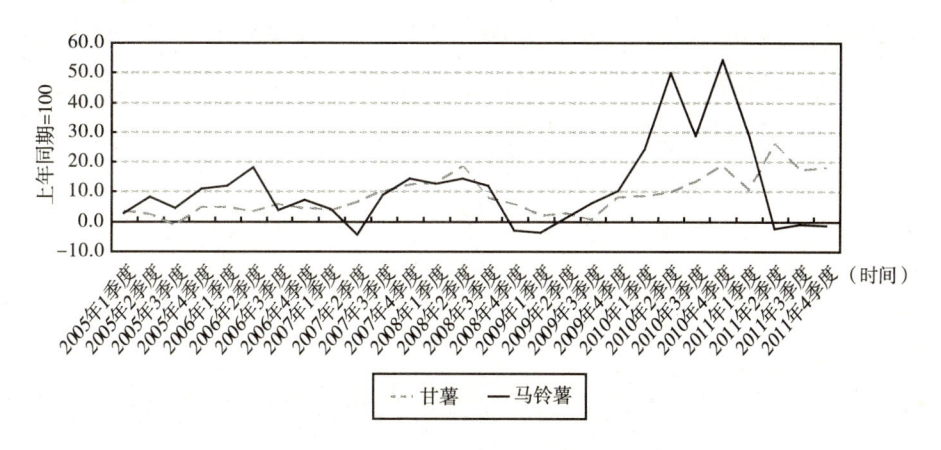

图 4-6 薯类主要品种生产价格增长率
资料来源：《中国农产品价格调查年鉴》（2006~2012 年）。

4.3 绿豆价格波动趋势分析

通过以上分析发现，杂粮各种类主要品种生产价格都呈上升趋势，波动较剧烈。然而分析只是描述性的，不够深入，考虑到数据的可获得性和品种的代表性，本部分以绿豆为例分析生产价格波动趋势。

4.3.1 方法和数据

1. 方法

农产品通常在一年中特定的季节播种，经过生长成熟之后，又在另一个季节收获，这种生长周期的循环使得农产品相对于其他产品具有更加明显的季节性波动规律。如受生产周期的影响，绿豆在年度内价格变化也是有规律的，每年的 1 季度属销售淡季，2 季度随着气温的转暖，市场对绿豆的需求逐渐增大，价格开始回升，3 季度随着炎热季节的到来，绿豆销售将会持续活跃，价格升至一年中的最高，4 季度随着天气渐冷，绿豆交易转淡，达到一年中的低点，价格的季节性波动掩盖了经济发展中的客观变化，给研究和分析经济发展趋势和判断目前所处的状态带来了困难，为了准确地测定和分析我国杂粮价格波动的趋势，必须从经济变量的时间序列中剔除这些影响，即进行季节调整，本部分采用的是 CensusX12 季节调整方法，在此基础上，采用 HP 滤波方法分析价格波动长期趋势，采用 BP 滤波方法分析价格波动短期趋势。

2. 数据来源

国内目前一般将绿豆分为明绿豆和杂绿豆两类，根据这样的品种类型，大致可以将我国绿豆种植分为两个大区，即吉林、内蒙古的明绿豆产区和河南、湖南、湖北、陕西、山西、重庆、陕西等地的杂绿豆产区。明绿豆品质较好，有光泽，但产量有限，价格较高；杂绿豆品质一般，无光泽，但产量较大，价格较低。关于明绿豆和杂绿豆的产量比没有确切的统计数据，2005～2010 年内蒙古和吉林的绿豆产量都在 12 万吨左右，合计约占中国总产量的 40% 多，由此近似推断明绿豆产量和杂绿豆产量大致相当。

绿豆价格数据采用 2005 年 1 月至 2012 年 12 月全国主要粮油批发市场明绿豆和杂绿豆二级均价数据，数据来源于中华粮网（http://www.cngrain.com/）。

4.3.2 波动趋势分析

1. 价格波动长期趋势

采用 HP 滤波法得出表示我国明绿豆和杂绿豆价格波动的平滑长期趋势线，如图 4-7、图 4-8 所示。

通过对图 4-7、图 4-8 趋势线的初步考察，结合价格波动实际值情况（见图 4-9）发现：（1）2005 年 1 月至 2012 年 12 月，明绿豆批发市场价格每吨增长 1 986 元，增幅 39.6%，期间月度最高价格为每吨 14 880 元，最低每吨 4 625 元，月平均价格 7 162 元；同期，杂绿豆批发市场价格每吨增长 3 698 元，增幅 96.3%，期间月度最高价格为每吨 10 108 元，最

第4章 我国杂粮价格波动趋势分析

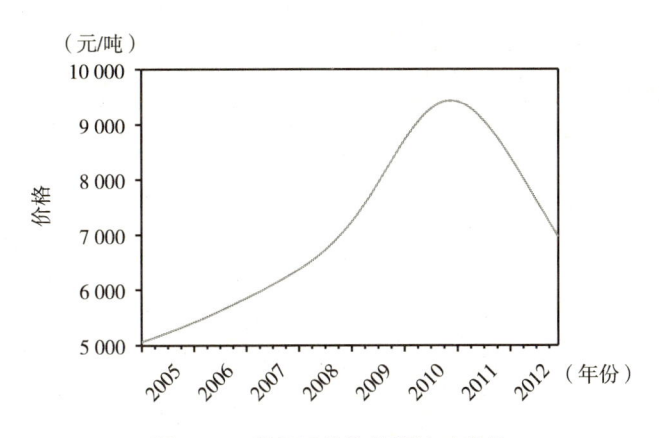

图 4-7 明绿豆价格长期波动趋势

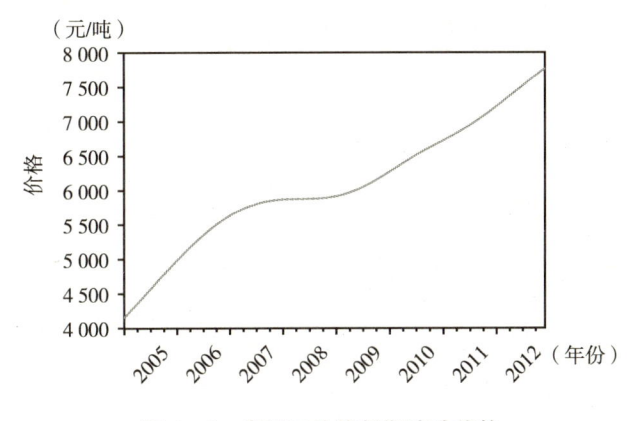

图 4-8 杂绿豆价格长期波动趋势

低每吨 3 840 元，月平均价格 6 082 元。（2）2009 年前期至 2010 年前期价格上升幅度较大，明绿豆从 2009 年 3 月的每吨 5 158 元上升到 2010 年 8 月的每吨 14 880 元，增幅为 188.5%；杂绿豆从 2009 年 2 月的每吨 4 709 元上升到 2010 年 6 月的每吨 10 108 元，增幅为 114.7%。（3）2010 年中期至 2012 年底，价格呈下降趋势。明绿豆价格从 2010 年 9 月的每吨 11 425 元下降到 2012 年 12 月的每吨 7 000 元，降幅为 38.7%；杂绿豆价格从 2010 年 6 月的每吨 10 108 元下降到 2012 年 12 月的每吨 7 538 元，降幅为 25.4%。（4）从长期趋势线总体上看，杂绿豆价格呈显著上升趋势，2010 年中期以前，明绿豆价格也呈显著上升趋势，之后下降趋势明显。2009 年初至 2010 年中，明绿豆价格上升幅度快于杂绿豆价格上升幅度，2010 年中期以来，明绿豆价格呈下降趋势，而杂绿豆价格依然保持较快的增长趋势，因而 2009 年以来绿豆价格的大幅上涨主要是由明绿豆价格波动引起的。从实际价格数据来看，明绿豆和杂绿豆价格波动趋势基本相同。

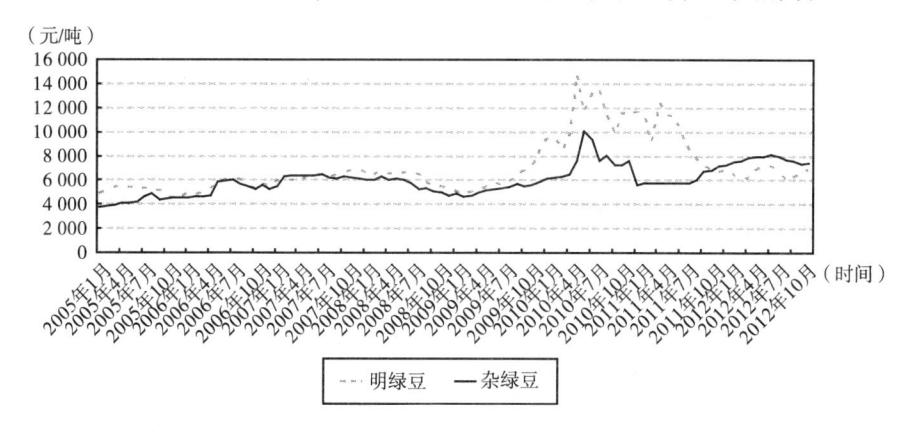

图 4-9　绿豆价格实际波动情况

2. 价格波动短期趋势

从明绿豆、杂绿豆的短期波动趋势看（见图 4-10、图 4-11），二者具有波动频次多和波动幅度大的相同特点。明绿豆从 2005 年 1 月至 2012 年 12 月的 96 个月间，共发生明显波动 12 次，其中，波幅 100% 以下的 3 次，波幅 100%～200% 的 7 次，波幅 200% 以上的 2 次，最大波幅 275%，平均波幅 43%，波峰绝对值的平均值为 77%，波谷绝对值的平均值为 68%，最近的波峰发生在 2012 年 6 月，波谷发生在 2012 年 9 月。杂

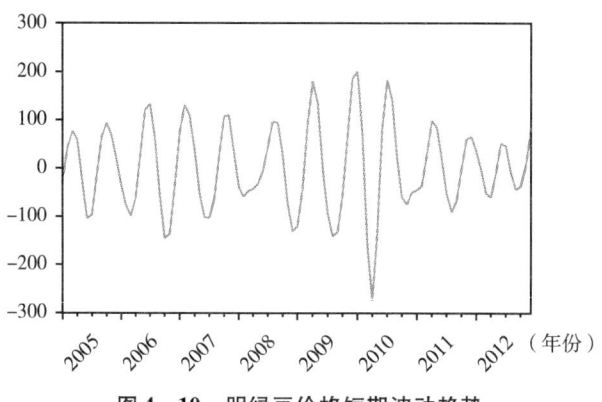

图 4-10　明绿豆价格短期波动趋势

绿豆从 2005 年 1 月至 2012 年 12 月的 96 个月间，共发生明显波动 8 次，其中，波幅200%以下的 3 次，波幅200%～400%的 3 次，波幅400%以上的 2 次，最大波幅487%，平均波幅9%，波峰绝对值的平均值为156%，波谷绝对值的平均值为158%，最近的波峰发生 2012 年 7 月，波谷发生在 2012 年 11 月。

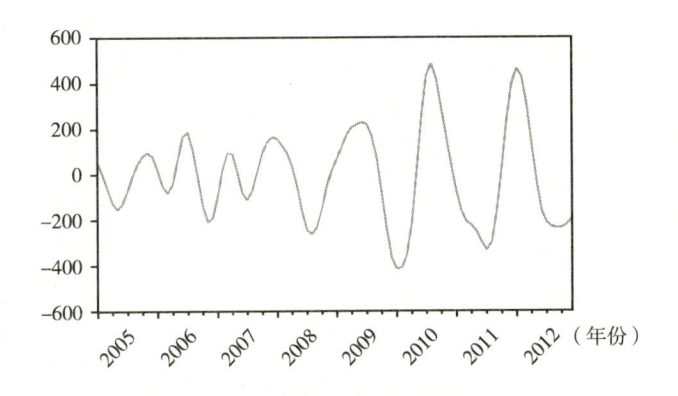

图 4-11 杂绿豆价格短期波动趋势

总地来看，2010 年中以前，绿豆价格的长期趋势是上升的，之后，绿豆价格的长期趋势是下降的，短期周期性波动幅度较大，波幅大多都在100%以上，从绿豆价格的长短期趋势线看，2009 以来绿豆价格的大幅波动主要是由明绿豆价格的大幅波动引起的。

4.4 本章小结

（1）21 世纪以来，生物能源生产发展、发展中国家居民食物消费增加和结构升级、全球用于农业科技研发的公共投入增幅下滑、主要国家的农业支持政策趋于与产出脱钩等因素结合在一起，导致需求增长速度快于供给增长速度，大宗农产品的实际价格也因之从持续多年的下跌转为上涨。在全球流动性过剩和金融监管缺失的背景下，大宗商品价格波动呈现加剧态势。

（2）尽管入世以来，我国农产品的开放程度不断提高，国际农产品市场价格变化可以迅速传导到国内并对国内农产品的市场价格产生影响，然而由于我国政府实施的一系列涉农政策，加之我国的微观主体获取价格信息的能力和反应能力十分有限，国内农产品价格被严重扭曲，国际农产品价格传导作用有限。

（3）2005年以来，杂粮各种类主要品种生产价格都呈上升趋势，月度波动较剧烈。以绿豆为例，2005~2010年，绿豆价格的长期趋势是上升的，之后，绿豆价格的长期趋势是下降的，短期周期性波动幅度较大，波幅大多都在100%以上，从绿豆价格的长短期趋势线看，2009年以来绿豆价格的大幅波动主要是由明绿豆价格的大幅波动引起的。

第 5 章

我国杂粮价格波动原因分析

5.1 农产品价格波动原因分析

5.1.1 世界农产品价格波动原因

世界市场农产品名义价格从 21 世纪初开始快速上升，2007 年后还出现大幅波动，呈现"高水平、高波动"的模式。全球农产品市场价格不稳定性加大有多方面原因：第一，扩大农业贸易开放引起全球农产品生产布局向具有优势的国家集中，出口的集中度也随之提高，这一变化在提升效率的同时也使供给和贸易更容易受到局部地区气候、政治经济形势、国家政策等因素的影响。第二，乌拉圭回合以来，随着市场化改革减少了农产品过剩，主要出口国的粮食库存量随之下降，而库存量减少则削弱了平抑价格波动的能力。第三，世界农产品市场运行面临"信息赤字"、"信息不对称"等问题的困扰，一些重要的粮油生产国或消费国未能及时公布有关生产、消费和库存水平的准确信息，或政府制定和实施市场干预政策的过程不够透明，使得市场很容易对偶然披露的信息做出过度反应。第四，粮油产品能源化发展使食品价格与能源价格形成更为密切的联系，而能源市场本身的稳定性就较低；此外，对生物能源的补贴政策在一定程度上削弱了生产对原料价格的反应，致使粮油市场供求趋紧时生物能源生产仍保持增长势头。第五，20 世纪 90 年代以来的经济全球化和贸易自由化浪潮也导致很多国家放宽对金融资本的监督和管制，在近年流动性不断增大的背景下,大量热钱流入农产品期货及其衍生品的交易,导致农产品"金融化",短期价格走势开始更多地受预期因素影响而与供求基本面脱节,如极端气象灾害、国际政治冲突、重要国家的政策调整等各种偶发因素都成为炒作题材,从而显著加剧了农产品价格波动。

5.1.2 我国粮食价格波动原因

在开放的市场条件下,引起粮食价格波动的原因十分复杂,每次粮食价格波动往往是多种因素综合作用的结果。从粮食价格形成的内在机理出发,观察改革开放以来我国粮食价格运行轨迹,粮食价格波动的原因主要有如下几个方面:

第一,市场供求矛盾。在市场经济条件下,粮食价格波动是供求矛盾运动的结果,由供求总量失衡、结构失衡等原因所引起。粮食供给量的变动主要取决于粮食产量、粮食储备量、净进口量等因素。通常而言,粮食价格会随着粮食产量的增减而出现反向变化。粮食价格波动不仅受其供求总量的影响,还与供求结构有很大的关系。随着城乡居民生活水平的提高,人均口粮需求逐渐减少,粮食需求正在由主食型向主副食型并重转变,但粮食供给结构并没能完全适应需求结构的变化。如玉米,由于其深加工产业尤其是燃料乙醇产业的迅速发展,玉米使用量迅速增加,导致玉米价格持续攀升。

第二,生产成本推动。生产成本是制定价格的最低经济界限,"如果商品低于它的成本价格出售,生产成本中已经消耗的组成部分,就不能全部由出售价格得到补偿。如果这个过程继续下去,预付资本价值就会消失"。在市场经济条件下,粮食生产成本是制定其价格的基本依据,生产成本的上升或下降,会推动价格相应上升或下降,从而引起粮食价格波动。一般而言,粮食价格会随着生产成本的升降出现同向变化。

第三,自然灾害因素。粮食生产是经济再生产和自然再生产的有机统一,生产成果在很大程度上受制于自然因素,即人们通常所说的"靠天吃饭"。在粮食生产过程中,风调雨顺时产量增加,遭受自然灾害时产量减少甚至绝收,因而自然灾害是导致粮食价格波动的重要因素。改革开放以来，我国粮食减产幅度比较大的年份，主要是因为遭受自然灾害。自然灾害不仅使当年粮食减产，而且对灾后几年的粮食生产都会造成影响。如果抗灾救灾措施不力，或连续受灾，几年难以恢复，进而将影响粮食生产，引起粮食价格波动。我国是个自然灾害多发国家，自然灾害对粮食价格波动的传导路径是：自然灾害增加→粮食减产→粮食价格上涨。

第四，国际市场传导。随着经济全球化和我国对外开放的深化，国内市场与国际市场的联系与互动日益加强，国际市场粮食供求关系变化与价格走势不但影响到我国粮食的进出口，而且对国内粮食价格波动产生重要的影响，国内粮食价格日益受到国际市场粮食价格的影响，两者的联动效应逐步增强。

5.2 小品种农产品价格波动原因分析

自我国改革开放以来，农产品价格几经波动，农产品多次发生"买难"与"卖难"的情况。尽管按照一般的经济学观点认为，价格是供需的反映，供需双方依靠价格变化改变其供给量和需求量，然而我国的经济体制处于转轨过程中，历次的农产品价格波动都不可能仅仅依靠典型的供求关系因素给予解释，而必须同时考察其他非典型因素。当前导致小品种农产品价格异动的因素同样可以解释为典型因素与非典型因素。

5.2.1 导致小品种农产品价格异动的典型因素：供求

小品种农产品市场需求量相对稳定，较少受价格变动的影响，即需求价格弹性较小。但是这类农产品的生产有明显的季节性，受自然因素的限制较大，农业生产者做出生产决策的时机基本都是相同的，因此他们据以做出规模决策的价格也是同一时期的，并且，同种农产品的生产周期长度基本一致。这样，上一期价格的升降能够引起各个生产者下一期供给量同时同向的变化，即小品种农产品的供给价格弹性较大。因此，小品种农产品的价格波动与供求之间的关系可以通过发散型蛛网模型描述出来。

以大蒜为例，2002年以后，大量以前未经营过大蒜的企业收购出口大蒜，造成虚假的供求关系。大蒜出口虚假繁荣，刺激了山东等地进一步扩大大蒜种植面积，使得我国大蒜产量猛增。多年来，我国大蒜出口存在的无序竞争、低价竞销等问题一直比较严重，造成了美国、加拿大、巴西、南非先后对我国大蒜实施反倾销，韩国严格限制我对韩出口数量，欧盟、印度和泰国对我国实行进口配额限制。这些贸易壁垒在很大程度上限制了我国大蒜市场空间，加大了出口压力和国际市场开拓难度，造成大蒜在国内严重供过于求，这是导致大蒜价格在2007年跌入历史谷底的初始典型因素。如图5-1所示，相对于价格轴，需求曲线D斜率的绝对值小于供给曲线S斜率的绝对值。

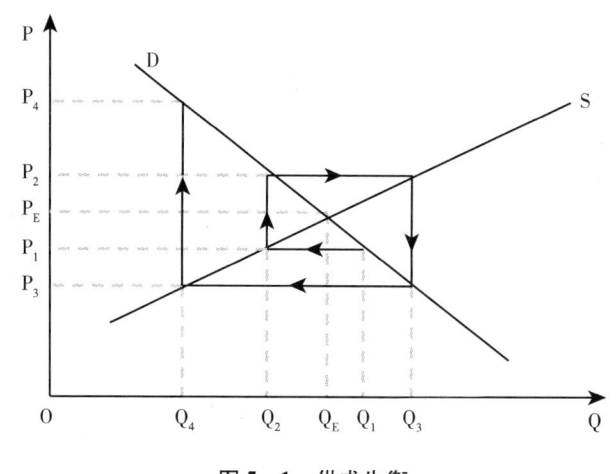

图5-1 供求失衡

在第一期由于大蒜出口受到贸易壁垒的阻力等因素，国内的大蒜供应量一时大幅度上升，实际产量由均衡水平Q_E增加为Q_1。生产者为了售出全部产量Q_1，接受消费者愿意支付的价格P_1，根据第一期较低的价格水平P_1，生产者将第二期的产量减少为Q_2。

在第二期，根据需求曲线，消费者为了购买全部的产量Q_2，愿意支付较高的价格P_2，于是实际价格上升为P_2。根据第二期的较高的价格水平P_2，生产者将第三期的产量增加为Q_3。

在第三期，生产者为了售出全部产量Q_3，接受消费者愿意支付的价格

P_3，于是，实际的价格又下降为 P_3。根据第三期的较低的价格水平 P_3，生产者又将第四期的产量减少到 Q_4。

市场由于受到外力的干扰偏离原有的均衡状态以后，实际价格和实际产量上下波动的幅度会越来越大，偏离均衡点 E 所代表的均衡产量和均衡价格越来越远，如此循环下去，形成"发散型蛛网"。

根据该模型分析，造成产量和价格波动的主要因素是：生产者总是根据上一期的价格来决定下一期的产量，上一期的价格同时就是生产者对下一期的预期价格。我国大多数农民缺乏市场经济基本常识和市场竞争经验，不了解小品种农产品的国内国际市场的发展行情，难以根据本期价格修正自己的预期价格，使其接近实际价格，从而使实际产量接近市场的实际需求量。因此，利用发散型蛛网模型可以形象地描述蒜农的生产决策安排滞后于市场变化，蒜农难以逃出"丰收→跌价→减产→涨价"怪圈的事实。因此，供求失衡的典型因素成为导致"买蒜难"的根本原因。

5.2.2 导致小品种农产品价格异动的三个非典型因素：市场体系、政府、农户

1. 第一个非典型因素：小品种农产品市场体系发育不健全

我国农产品市场体系的建设是一个由低级到高级、循序渐进的发展过程。改革之初，小品种农产品的流通依托于农产品初级市场，在小品种农产品初级市场发展的基础上，80 年代中期借助于"菜篮子工程"，小品种农产品批发市场得到快速发展。90 年代以后，随着农产品期货市场初步建立，蚕丝、菜籽等小品种农产品开始进入期货市场进行交易。目前小品种农产品市场体系的不完善之处可以概括为两点：

其一，小品种农产品的流通主要依托产地批发市场，但目前此类市场的运作效率低下，直接导致小品种农产品的流通成本过高。主要表现为：小品种农产品流通企业和农户之间缺乏完善的组织化交易环境，未能塑造共同的利益链接，各自为战；流通市场中没有形成企业—农户之间稳固的供求关系意识；没有形成规范化的企业—农户的沟通机制，农户缺乏充分

的产前、产中、产后的配套服务，龙头企业没有成功打造产品流通链条的核心竞争优势，由于小品种农产品市场依赖传统的对手交易，先进的统一结算方式未能真正推行，这使得供求价格信息在相当程度上是失真的，炒家利用连接产销的优势，独占真实的供需价格信息，制造信息陷阱，造成生产和消费两端的供需价格错觉。以上问题降低了流通环节的安全系数，加大了价格风险。

其二，小品种农产品的期货交易市场发育不健全。这主要表现为期货市场投机成分过多，套期保值者太少，期货交易所自身管理不够规范等，使得多数小品种农产品难以利用期货交易方式防范市场风险。

2. 第二个非典型因素：政府角色缺失

市场博弈中政府角色缺失导致小品种农产品价格完全由市场自发形成。按照现代市场经济理论，小品种农产品的市场博弈各方除了包括生产者、中间商、消费者以外，还应包括政府。但事实上，小品种农产品的价格形成过程却成为市场的独角戏，政府几乎成为局外人，没有充分参与小品种农产品的市场博弈过程。因而小品种农产品价格的形成主要受制于产地批发市场，完全自发形成。这集中表现为以下两点：

其一，政府没有稳定小品种农产品价格的政策与工具。从前文对典型因素的分析中可知，在没有政府介入的情况下，供需间的博弈结果是：如果供不应求，那么农产品价格容易上涨；如果供过于求，则农产品价格倾向于下降。而且，如果供应者存储成本很高，则会使农产品价格迅速下降，造成"谷贱伤农"，如果供需相当，农产品价格则主要取决于供方的存储成本。但是当政府介入时，情况则是：当供不应求时，政府可以抛售库存、提高供给、稳定价格；当供过于求时，政府既可以吸纳过剩农产品形成库存，也可以对农户的存储成本进行补贴，从而使供方有能力降低实际供应量，稳定价格；当供需相当时，政府库存增减、补贴等都会影响到平衡格局。我国目前小品种农产品面临的现实是：国家对此没有战略储备，没有针对这类农户存储成本的补贴项目；随着市场化改革的深入，国有商业机构失去了流通领域"主渠道"的地位，难以继续承担"蓄水池"职能；农业政策性保险的覆盖面比较窄，如农业发展银行对农产品收购的信贷支持主要局限于粮棉油大宗农产品品种，以鲜活、土特产为特征的小品种农产品品种难以从中受惠。

其二，政府对炒作行为难以重拳打击。小品种农产价格的上涨要求政府通过完善的价格监测预警机制加强供求监测、信息发布和价格监督检查，密切注意投机行为，并且迅速作出打击反应。但是抑制投机需求、打击投机行为的关键症结在于，在完全开放的自由竞争市场，"炒作"行为本身内涵难以定义，这包括了如何限定囤积的数量、囤积所得、处罚标准。这需要更深入的理论研究和更完善的立法实践。

3. 第三个非典型因素：农户组织化程度较低

农户组织化程度低导致生产成本高，生产决策易产生"羊群效应"。小品种农产品的生产主要依赖分散的小规模农户，生产的市场风险大，农产品竞争力低下，这主要表现在：在产前，分散的小规模农户没有良好的市场信息网络服务，市场信息不完全，生产决策不是严格基于市场前景分析，而是基于自己及同类生产者的当前受益，并且没有订单支持，难以最大限度地降低盲目生产的风险；在产中，分散的小规模农户的资本积累规模有限，难以得到技术技能培训，抵御自然灾害能力弱，生产资料供应及农产品品质难有保证，产品结构雷同，生产成本较高；在产后，分散的小规模农户的产品无法做到以销定产，只能被动地服从市场价格的波动，并且销售中间环节多，市场风险难以预知。这是易于形成"羊群效应"的主要原因。

即使是在农业产业化经营中，绝大部分的农户只是农产品的生产者，依从于龙头企业或中介组织，处于信息不对称的劣势地位，无法渗入到农产品的加工、销售环节，没有市场谈判的话语权，难以成为市场竞争主体。

5.3 绿豆价格波动原因实证分析

绿豆作为小品种农产品，需求具有一定的稳定性，因而把影响供给的因素分为生产、贸易和市场投机等三个方面进行分析。

5.3.1 模型选择

绿豆生产成本变动影响的最优规划模型：

设绿豆产量为 Y，其市场价格为 P。为生产绿豆，需要投入品 Z_j，其市场价格为 W_j，$j=1,2,\cdots,n$。绿豆产量是绿豆市场价格 P 和各项投入品价格 W_j 的函数，即 $Y(P,W_j|j=1,2,\cdots,n)$。通常来说，绿豆市场价格是其产量的函数，而产量又是各项投入品价格的函数。为了分析绿豆生产成本上涨对绿豆市场价格的影响，我们可直接设绿豆市场价格为各项投入品价格的函数，即 $P(W_j|j=1,2,\cdots,n)$。

农民需要生产效益最大化，即 $\text{Max}\,(P(W_j) \times Y(P(W_j),W_j) - \sum_{j=1}^{n} W_j Z_j)$

对 W_j 求导，$\frac{\partial P}{\partial W_j}Y + P(\frac{\partial Y}{\partial P}\frac{\partial P}{\partial W_j} + \frac{\partial Y}{\partial W_j}) = Z_j$

即，$(1 + \frac{P}{Y}\frac{\partial Y}{\partial P})Y\frac{\partial P}{\partial W_j} = Z_j - P\frac{\partial Y}{\partial W_j}$

此处，$\frac{P}{Y}\frac{\partial Y}{\partial P}$ 即为绿豆产量的自身价格弹性，设为 ε。

于是，有 $\frac{\partial P}{\partial W_j} = \frac{1}{1+\varepsilon}(\frac{Z_j}{Y} - \frac{P}{W_j}\frac{W_j}{Y}\frac{\partial Y}{\partial W_j})$

此处，$\frac{W_j}{Y}\frac{\partial Y}{\partial W_j}$ 即为绿豆产量相对于投入品 j 的价格的弹性，设为 δ_j。

于是，有 $\frac{\partial P}{\partial W_j} = \frac{1}{1+\varepsilon}(\frac{Z_j}{Y} - \frac{P}{W_j}\delta_j)$

两边乘以 W_j/P，即得 $\theta_j = \frac{1}{1+\varepsilon}(S_j - \delta_j)$

其中，$S_j = \frac{W_j \times Z_j}{P \times Y}$ 即为投入品 j 的成本在绿豆产值中的份额

$\theta j = \frac{W_j}{P}\frac{\partial P}{\partial W_j}$ 即为绿豆的市场价格相对于投入品 j 价格变动的弹性，据此我们计算绿豆生产成本变动对绿豆均衡价格的影响程度。

5.3.2 数据来源

绿豆作为小品种农产品,统计数据缺乏,序列较短,国内现有的公开发行的统计数据仅有分省的播种面积、产量和生产价格指数,因而计算绿豆产量相对于投入品 j 的价格的弹性 (δ_j) 和投入品 j 的成本在绿豆产值中的份额 (S_j) 需要利用实际调研获得的数据。

本书中计算 δ_j 和 S_j 的数据来源于 2011 年 11 月对吉林省白城市绿豆的种植、生产、加工、经营等问题进行的入户调研;2003~2010 年分省的绿豆产量数据来源于《农业统计年报》;2003~2010 年分省的绿豆价格数据来源于《中国农产品价格调查年鉴》;1998~2010 年国内明绿豆批发市场价格来源于中华粮网;1998~2010 年出口价格和出口量来源于《中国海关统计年鉴》;1998~2010 年人民币汇率年平均价来源于《中国统计年鉴》。

5.3.3 模型结果

1. 绿豆生产成本变动影响的最优规划模型

(1) 绿豆产量的自身价格弹性根据国家统计局 2003~2010 年分省的产量和价格的 Panel 数据通过建立回归模型求得。

考虑到农民生产决策调整相对于价格变动的滞后性,自变量绿豆生产价格增长率取滞后一期的数值,根据估计结果(见表 5-1),绿豆产量的自身价格弹性 (ε) 为 0.259,即上一年绿豆生产价格增长 1%,当年绿豆产量增长 0.259%。

表 5-1　　　　　　　模型估计结果

指标	回归系数 Coef	标准误 S. E.	系数显著为零的概率 Prob.
PLV (-1)	0.259**	0.128	0.049
AR (1)	0.998***	0.030	0.000

注:"**"表示在 5% 的水平下显著,"***"表示在 1% 的水平下显著,PLV (-1) 表示滞后一期的绿豆生产价格增长率。

(2) 绿豆产量相对于投入品价格的弹性根据实际调研的农户数据通过建立回归模型求得。

根据前期对豆农的调研了解到，绿豆生产的投入品主要是物质投入和人工投入（Z5），物质投入主要包括：①种子（Z1）；②化肥（Z2）；③农药（Z3）；④燃料油（Z4）。由于绿豆多种植在贫瘠干旱的土地上，故基本不存在土地成本，且近几年价格较低，农户把有限的生产资料更多地投入到玉米等作物上，故通过投入增加产量具有较大潜力。

由于并不是所有豆农都购买种子，为了使投入品价格的数据更加准确，本模型中选取了120户购买种子且绿豆投入品价格完整的豆农进行回归。根据估计结果（见表5-2），绿豆产量相对于投入品（种子、化肥、农药、燃料油和人工）价格的弹性（δ_j）分别为0.227、0.216、0.115、0.171和0.136，即投入品种子（Z1）、化肥（Z2）、农药（Z3）、燃料油（Z4）和人工（Z5）投入每增加1%，绿豆产量分别增加0.227%、0.216%、0.115%、0.171%和0.136%。从中也可以发现，在各种投入品中，种子投入对绿豆产量增加的影响最大，其次是化肥、燃料油和农药，影响最小的是人工，且结果统计上不显著，这或许是因为：人工成本是根据用工量乘以当地雇工价计算而得，然而当地农民即使不务农，从事其他劳动获得收入的机会很少，这里夸大了人工成本。

表5-2　　　　　　　　　　模型估计结果

指标	回归系数 Coef	标准误 S. E.	系数显著为零的概率 Prob.
c	1.757 ***	0.489	0.000
Z1	0.227 ***	0.082	0.007
Z2	0.216 **	0.088	0.016
Z3	0.115 *	0.066	0.084
Z4	0.171 **	0.070	0.017
Z5	0.136 *	0.076	0.077
R^2	0.880	D. W.	2.089
调整后的 R^2	0.805		

注："*"表示在10%的水平下显著，"**"表示在5%的水平下显著，"***"表示在1%的水平下显著。

(3) 投入品成本在绿豆产值中的份额根据实际调研的农户数据求平均值获得（见表5-3）。

表5-3　　　　　　主要投入品在绿豆产值中的份额　　　　　　单位:%

	种子	化肥	农药	燃料油	人工	合计
在绿豆产值中份额	4.5	11.5	3.7	6	18	43.6

资料来源：实地调研。

根据表5-3，绿豆成本占产值的份额（S_j）为43.6%，其中，人工成本所占份额最大，其次是化肥、燃料油和种子，农药所占份额最小。绿豆的成本利润率为52.4%，高于稻谷（40.4%）、小麦（21.4%）、玉米（37.9%）和大豆（36.0%）等大宗粮食作物，然而低于经济作物花生（63.1%）。调研中发现，当地种植绿豆的土地也可以种植花生，花生收益高且价格稳定，是导致豆农种豆积极性不高的重要原因之一。

(4) 测算绿豆生产成本变化对绿豆国内均衡价格的影响程度。

将前面计算出的 ε、δ_j 和 S_j 代入公式：$\theta_j = \frac{1}{1+\varepsilon}(S_j - \delta_j)$

得 $\theta_1 = 0.034$，$\theta_2 = 0.089$，$\theta_3 = 0.028$，$\theta_4 = 0.046$，$\theta_5 = 0.142$

测算结果表明，在其他条件不变的情况下，生产成本上升1%，国内绿豆均衡价格上涨0.339%。具体讲，种子价格上升1%，拉动国内绿豆均衡价格上涨0.034%；化肥价格上升1%，拉动国内绿豆均衡价格上涨0.089%；农药价格上升1%，拉动国内绿豆均衡价格上涨0.028%；燃料油价格上升1%，拉动国内绿豆均衡价格上涨0.046%；人工成本上升1%，拉动国内绿豆均衡价格上涨0.142%。

2. 测算绿豆国际贸易变化对绿豆国内均衡价格的影响程度

2000年以来，随着国内需求的增加和新品种的推广应用，我国绿豆种植面积稳定，绿豆产量有所增加。但是，由于绿豆生产主要分布在生态条件较差的干旱半干旱地区和高寒地区，产量年际间波动较大。中国是全球最大的绿豆生产国和出口国，年出口量保持在12万吨以上，平均占产量的17.6%。

中国绿豆出口数量和金额都约占全球出口份额的50%，由此判断中国在国际绿豆贸易中具有价格话语权。中国绿豆净出口量的增加（减少），一方面会导致国际市场绿豆价格的下跌（上升），传导至国内，国内绿豆市场价格下跌（上升）；另一方面会减少（增加）当年国内绿豆供给量，导致下一年国内绿豆价格的上升（下跌）。二者综合起来考虑，才能得出绿豆国际贸易变化对绿豆国内价格的影响程度。

用中国1997~2010年的绿豆净出口量对绿豆出口价格做回归。根据回归结果（见表5-4），可以测算出在其他条件不变的情况下，中国绿豆净出口量每增加1%，国际市场绿豆出口价格降低0.215%。

表5-4　　　　　　　　　　回归结果

指标	回归系数 Coef	标准误 S.E.	系数显著为零的概率 Prob.
LOG（X）	-0.215***	0.042	0.001
MA（1）	1.274***	0.189	0.001
MA（2）	0.769***	0.192	0.003
R^2	0.813	D.W.	2.056
调整后的R^2	0.757		

注："***"表示在1%的水平下显著。

根据Comtrade的统计数据，日本是中国绿豆的最大出口目的地，出口额约占中国出口总额的45%，出口到日本的绿豆多为品质优良、可以生豆芽的明绿豆，其他的大多出口到发展中国家，品质略差。因而用中国1998~2010年绿豆出口价格对明绿豆和杂绿豆国内批发价格的平均值做回归，根据回归结果（见表5-5），可以测算出在其他条件不变的情况下，中国绿豆出口价格每增加1%，国内绿豆批发价格增加0.831%。

表5-5　　　　　　　　　　回归结果

指标	回归系数 Coef	标准误 S.E.	系数显著为零的概率 Prob.
LOG（X）	0.831***	0.048	0.000
MA（1）	0.186	0.193	0.358
R^2	0.922	D.W.	1.921
调整后的R^2	0.906		

注："***"表示在1%的水平下显著。

综合表 5-4 和表 5-5 的结果，可以测算出中国绿豆净出口量每增加 1%，国际市场绿豆出口价格降低 0.215%，绿豆出口价格会下降传导至国内，进而国内绿豆批发价格降低 0.179%。

中国绿豆净出口量的增加必然会减少当年国内绿豆供给量，而下一年国内新绿豆大批上市在 9 月左右，因而会使得下一年国内绿豆价格走高。用 2000~2010 年国内绿豆供给量对明绿豆和杂绿豆国内批发价格的平均值做回归，根据回归结果（见表 5-6），可以测算出在其他条件不变的情况下，当年国内绿豆供给量每增加 1%，下一年绿豆批发价格降低 0.97%。

表 5-6 回归结果

指标	回归系数 Coef	标准误 S. E.	系数显著为零的概率 Prob.
Log (x (-1))	-0.975***	0.087	0.000
Log (x (-2))	0.925**	0.339	0.041
MA (3)	-0.989***	0.018	0.000
R^2	0.99	调整后的 R^2	0.984

注："**"表示在 5%的水平下显著，"***"表示在 1%的水平下显著，Log (x (-1)) 表示滞后一期的国内绿豆供给量。

3. 测算市场投机等因素对绿豆国内均衡价格的影响程度

国内绿豆批发价格由 2009 年的每吨 5 693 元上涨至 2010 年的每吨 9 455 元，涨幅达 66.1%。绿豆的生产成本各项构成中，以吉林为例，种子成本基本没有变化，化肥价格降低了 7.2%，农药价格降低了 1.6%，燃料油价格（0 号柴油）上涨了 15.8%，用工价格上涨了 54.2%，根据前面的测算结果计算可知，化肥价格下降使绿豆均衡价格下降 0.6%，农药价格下降使绿豆均衡价格下降 0.04%，燃料油价格上升使得绿豆均衡价格上涨 0.72%，人工成本上升使绿豆均衡价格上涨 7.7%。根据实地调研得到的数据计算可知，化肥、农药、燃料油和人工在成本总额中所占的份额分别为 26.2%、7.6%、14.1% 和 41.3%。以份额为权数，计算得出绿豆生产成本上升拉动绿豆均衡价格上涨 3.1%。

中国绿豆净出口量从 2009 年的 268 376 吨减少到 2010 年的 41 944 吨，

降幅达 84.4%，拉动国内绿豆均衡价格上涨 81.9%；国内供给量由 2008 年的 810 424 吨下降到 2009 年的 500 625 吨，降幅达 38.2%，拉动 2010 年国内绿豆均衡价格上涨 37.1%。以 2009 年绿豆净出口量和绿豆国内供给量占 2010 年绿豆产量的份额为权数，计算得出绿豆净出口量变化 1% 拉动绿豆均衡价格上涨 42.5%。

根据以上计算结果，2010 年绿豆价格涨幅达 66.1%，其中绿豆生产成本上升拉动绿豆均衡价格上涨 3.12%，绿豆净出口量的变化拉动绿豆均衡价格上涨 42.5%，因此投机等因素拉动绿豆均衡价格上涨 20.5%。

5.4　本章小结

（1）世界市场农产品名义价格从 21 世纪初开始快速上升，2007 年以后还出现大幅波动，呈现"高水平、高波动"的模式。全球农产品市场价格不稳定性加大有多方面原因。短期价格走势开始更多地受预期因素影响而与供求基本面脱节，如极端气象灾害、国际政治冲突、重要国家的政策调整等各种偶发因素都成为炒作题材，从而显著加剧了农产品价格波动。

（2）自我国改革开放以来，农产品价格几经波动，农产品多次发生"买难"与"卖难"的情况。历次的农产品价格波动既要依靠典型的供求关系因素给予解释，又必须同时考察其他非典型因素。当前导致小品种农产品价格异动的因素同样可以解释为典型因素与非典型因素：供求仍是导致小品种农产品价格异动的典型因素，市场体系、政府和农户是导致小品种农产品价格异动的三个非典型因素。

（3）利用实际调研数据和公开发表的统计数据测算得出，2010 年绿豆价格涨幅达 66.1%，其中绿豆生产成本上升拉动绿豆均衡价格上涨 3.12%，绿豆净出口量的变化拉动绿豆均衡价格上涨 42.5%，投机等因素拉动绿豆均衡价格上涨 20.5%。

第 6 章

我国杂粮价格波动影响分析

6.1 农产品价格稳定的内涵和民生效应

6.1.1 农产品价格稳定的内涵

对于农产品价格稳定的理论内涵,目前还没有学者进行全面系统的介绍。在借鉴经济学价格稳定理论的基础上,一般认为,农产品价格稳定指的是在某一区域范围内的一段相对较长时期中,农产品价格没有大幅度波动,总体上能够与经济社会发展水平保持一致的一种状态。农产品价格稳定具有相对性、长期性、差异性和连锁性的特点。第一,相对性。稳定是相对稳定,而不是绝对稳定。在市场经济条件下,价格围绕价值上下波动是属于正常现象。当然,作为一种特殊的商品,在国家宏观政策调控的作用下,农产品价格波动不可能违背其价值自身而大幅波动。从长期来看,农产品的价格会随着经济社会发展水平的提高而发生变化,但是,这种变化理论上必须与经济社会发展水平相适应,不能过度背离农产品自身的价值。第二,长期性。稳定是相对于经济社会发展水平来说,在一个较长的时期内是稳定的。作为国民经济的基础,农业在整个国民经济体系中占据着十分重要的地位,国家对农业的扶持也是长期的,农产品的价格不应该随经济周期的变动而发生大幅变化,在较长时期内,农产品的价格应该是稳定的。第三,差异性。稳定是区域范围内的稳定,而不是要求价格在全国范围内的整齐划一。基于资源禀赋的差异、经济发展战略的先后以及其他外在因素的影响，农产品的价格稳定具有一定程度的地域性，不同地区的农产品价格会在一定程度上存在差异，这是市场经济所允许的；这种差异的存在，在一定程度上有利于农产品的流通。第四，连锁性。农产品价格的畸形波动，不仅直接影响农产品生产者，还会影响农产品消费者，对整个国家的宏观经济形势都会造成影响。也就是说，农产品价格的大幅涨落，会在不同程度上从不同方面波及到不同的利益主体，农产品的价格波动往往会带来一系列的连锁反应。

6.1.2 农产品价格稳定的民生效应

农产品价格稳定的相对性、长期性、差异性以及连锁性，都有一个共同的显著的前提，那就是不能以牺牲城镇和农村居民的利益为代价来追求其他经济目的，人民的生活水平不能因为农产品价格的大幅波动受到过大的影响。换句话来说，农产品的价格稳定最终目的还是为了民生，民生是农产品价格稳定的最根本宗旨和最首要原则。农产品价格稳定的民生效应，主要表现在以下几个方面。

1. 农产品价格稳定与农村居民收入

虽然改革开放以来，随着我国经济多年的持续高速增长，农民生活水平有了显著提高，但是，从目前我国农村的实际情况来看，我国农民人均GDP逐年提高与实际可支配的货币收入增长幅度迟缓是并存的。农民的货币收入主要来自两个方面，一是兼业经营所获得的货币收入（主要是种、养殖业所带来的货币收入），二是通过务工获得的劳动报酬，两者都存在很大的不稳定性。当农产品价格大幅上涨时，受价格传导机制的影响，与农产品相关的各种农业生产资料价格也会大幅上涨，且农业生产资料的上涨速度远远高于农产品价格的上涨幅度，名义上农民获取了更多的收入，实际上农民从农产品的价格上涨过程中获取的收益极为有限。即使是在农业生产资料价格上涨幅度小于农产品价格上涨幅度的时候，受当前农产品流通体制不健全的影响，农民在整个农产品流通价值链上始终处于低端，议价能力弱，"增产不增收"的现象极为常见；相反，一旦农产品市场出现价格风险，农民往往成为几乎所有风险的最直接承受者。在农产品价格稳定的情况下农民可以按照过去的生产方式按部就班地组织农业生产，在排除其他各种外来因素的影响下，实际所获得的收入往往更多。也就是说，在农产品价格稳定的情况下，农民实际收入的增长往往比农产品价格大幅起落时更多，农产品价格的大幅波动并不能够增加农民收入，反而影响农民收入的稳定。

2. 农产品价格稳定与城镇居民生活

城镇居民分为高收入者和中低收入者两类，农产品价格的稳定与否影响最大的是中低收入者，对高收入者的影响极为微弱。农产品是食品，是生活必需品，消费的弹性小，替代效应不明显，不管价格如何，消费者都必须消费。因此，农产品价格的上涨，必然增加城镇居民的消费支出。对于城镇中低收入者来说，农产品价格的上涨，意味着中低收入者近些年来低保金标准或工资、福利提高部分被部分甚至全部抵消，意味着多数中低收入群体的实际收入下降，所能购买到的商品数量相应减少，一些中低收入群体家庭生活陷入更加艰难的境地。同时，随着农产品价格的上涨，城镇中低收入者的消费欲望被抑制，消费量有所下降，家庭消费方式发生改变；甚至在农产品价格暴涨时，城镇低收入者在无法增加其他收入来源的情况下，只能减少消费量和消费品种，把消费限制在米、面、油、蔬菜、肉类等最基本的消费品上，同时还要减少肉、禽、菜等价格涨幅大的消费品数量，生活水平急剧下降。很显然，从长远来看，农产品价格的大幅波动，特别是农产品价格的一路上涨，将会直接影响到整个社会的消费结构，不利于经济的长期稳定发展。而在农产品价格基本稳定的时候，城镇居民能够极为准确地预期家庭的收支情况，能够在不影响家庭生活水平的前提下，根据自身的实际需要来进行投资和消费，促进城镇经济的稳定发展。

3. 农产品价格稳定与城乡商贸物流业的发展

农产品的流通在农产品市场运行中居于枢纽地位，而农产品的流通完全取决于城乡商贸物流业的发展。城乡商贸物流业的发展是适应社会化大生产快速发展和社会分工不断细化的客观需要，是连接城乡商品生产和消费的关键环节，是加快产业结构调整、推动产业升级、促进第三产业增长的主要途径，其发展水平已成为衡量一个国家和地区综合竞争力的重要标志。城乡商贸物流业的发展在很大程度上受农产品价格稳定的影响。当农产品价格稳定时，活跃于城乡的各种农产品中介组织（包括企业和个人等）能够在尽量节约物流成本的前提下，快速组织农产品的流通，有利于农产品的流通效率，也有利于城乡间各种物流资源的优化配置。这对于促进城乡经济结构的调整和城乡经济增长方式的转变，推动第三产业乃至整个国民经济发展都具有十分重要的意义。而当农产品价格大幅波动时，在价格传导机制的作用下，农产品价格的大幅波动必然会影响到与农产品流通有关的诸多环节成本发生变化，这不利于农产品流通主体快速组织农产品的流通，也影响农产品的流通效率，不利于农民增收，也不利于城镇居民的生活，对整个城乡商贸物流业的健康发展也会带来巨大的冲击。

4. 农产品价格稳定与国家宏观经济稳定

物价稳定既是国家宏观经济稳定的前提，也是国家宏观经济稳定的目标。物价稳定对充分就业、经济发展和国际收支平衡都有显著的影响。农产品价格稳定作为国内整体物价稳定的基础，对于国家宏观经济的稳定尤为重要。一方面，农产品价格稳定有利于保障与农产品产销等诸多环节密切相关的劳动者的就业，有利于促进农村经济的稳定发展，方便城镇居民的生活。在当前形势下，"农产品进城"的渠道远远没有"工业品下乡"的渠道畅通，"农产品进城"涉及从农村到城市诸多参与农产品生产、流通的组织和个人。也就是说，农产品流通的涉及面极为宽广。在农产品价格大幅波动的情况下，与农产品生产和销售相关的组织和个人都会受到影响，特别是处于农产品产销链两端的生产者和消费者更容易受到价格风险的冲击，而在农产品价格稳定的情况下，所有参与农产品产销的组织和个人对自己的收入均有较合理的预期，能够在不影响自身其他安排的情况下安排自身的生产和消费，这不仅有利于稳定城乡就业，还有利于促进城乡经济的发展。另一方面，农产品价格的稳定有利于增强产地农产品自身的竞争力，有助于农产品的出口。农产品价格的稳定，有利于产地农产品传统种植技术的传承，有利于培养和塑造产地农产品的品牌，对于增强产地农产品的市场竞争力具有显著的促进作用。这不管是对于产地农产品的国内销售，还是对于产地农产品的外销，都具有很强的促进作用。而当农产品价格大幅波动时，基于利润的考虑，农产品的种植结构会发生变化，传统种植模式也会被抛弃，农产品的所谓"绿色"、"无公害"等特征也会逐渐消失。

6.2 吉林省白城市绿豆调研情况总结

6.2.1 2011年调研情况总结

白城是我国的绿豆主产区，种植历史悠久。当地的土壤特点特别适合绿豆的生产及繁育，气候条件有利于农作物的营养物质积累，进而提高了绿豆的品质。白城绿豆在中国国内和国际市场上具有很高的知名度。国家质检总局根据《地理标志产品保护规定》，批准自2007年12月13日起对白城绿豆实施地理标志产品保护，其所辖洮南市因生产优质、高产绿豆而获得"中国绿豆之乡"的美誉。

近年来，白城市绿豆的播种面积和产量都在增加，2005年绿豆种植面积7.1万公顷，占中国种植总面积的10%，产量1.7亿公斤，占全国总产量的8.6%。2010年种植面积达10.2万公顷，较2009年增加11%，产量达10.3亿公斤，较上年增加61.3%，种植面积、产量占全国的16%以上，出口供货量占全国出口的30%~40%，质量全国第一。目前，以白城为中心的绿豆主产区的影响和辐射作用，已经延伸到内蒙古、黑龙江一些地区，形成了全国最大的绿豆生产区。

2011年11月11~16日，国家食用豆产业技术体系综合研究室食用豆产业经济课题组赴白城市就绿豆的种植、生产、加工、经营等问题进行了调研，调研采用问卷调查和实地访谈的方法，设计了村表、农户表、经纪人表和企业表，调研范围包括白城市所辖的一区（洮北区）、两县（通榆县、镇赉县)、两市(洮南市、大安市)的 10 个乡镇及洮北区的白城牧场,24 个村及白城牧场的总厂、二分厂和八连,244 个农户,3 个食用豆经纪人和 6 个食用豆加工生产企业,调研样本随机获取。下面分四个部分,从村、绿豆种植户、食用豆经纪人和食用豆生产加工企业的角度就调研情况进行总结。

1. 村调研情况总结

表 6 – 1 是本次调研所涉及的地区及分布。村表内容包括村的地势及基本情况、土地资源和水资源、社会发展情况和食用豆专题四部分。考虑到对村整体情况的把握,村表的填写由村干部或者村会计来完成。

表 6 – 1　　　　　　　　2011 年调研地区及分布

洮南市（6）	大安市（6）		通榆县（4）		镇赉县（5）		洮北区（6）		
蛟流河乡　永茂乡	舍力乡	叉干镇	乌兰花乡	新兴乡	莫莫格乡	建平乡	洮流河乡	德顺乡	白城牧场
蛟河村　二段村	民富村	庆发村	星火村	新兴村	乌兰昭村	碗铺村	关帝村	曙光村	总厂
三河村　永丰村	民众村	长城村	冷家店村	永茂村	才立村	长发村	大六家子村		二分厂
姚炎村　头段村	民乐村				平宝村				八连
	民和村								

资料来源：实际调研。

实际调研中,由于洮北区的洮流河乡的关帝村和大六家子村各仅有 4 户农户参与问卷调查,德顺乡的曙光村仅有 1 户农户参与问卷调查,且没有获得这三个村的村表,故实际村级样本 24 个（21 个村和白城牧场的总厂、二分厂和八连）。从表 6 – 1 可以看出,本次调研村级样本分布较合理,每个市/县/区包括 2~3 个乡,包括 4~6 个村。

表 6 – 2 是样本村的基本情况。

表 6-2 样本村基本情况

区域			人均纯收入（元）	人均耕地面积（亩）	劳动力人口占总人口的比重(%)	农业收入占村经济总收入的比重(%)	合作医疗参保比例(%)	电话（手机）普及率(%)	有效灌溉面积占耕地面积的比重(%)	绿豆种植户占村户数的比重(%)	绿豆种植面积占耕地面积的比重(%)
洮南市	蛟流河乡	蛟河村	1 200	7.1	41.0	90	95	50	90.0	90.9	36.0
		三河村	4 500	14.8	40.4	98	98	99	50.0	78.0	20.0
		姚炎村	4 500	5.5	63.6	83	90	100	100	100	37.5
	永茂乡	二段村	8 000	7.0	50.0	100	100	100	100	95.1	40.0
		永丰村	7 000	9.0	39.4	87	98	85	100	94.9	22.4
		头段村	9 000	15.0	36.7	80	90	100	91.7	83.6	25.0
大安市	舍力乡	民富村	6 800	10.3	32.8	100	80	85	50.0	100	30.0
		民众村	2 000	3.0	55.6	70	80	90	30.0	60.0	57.0
	叉干镇	庆发村	2 500	4.5	25.5	100	100	90	50.0	70.0	44.4
		长城村	2 600	16.6	48.0	100	100	100	23.0	69.5	8.4
		民乐村	4 000	10.8	52.6	89	90	100	11.8	55.4	39.1
		民和村	3 000	4.0	47.7	100	100	100	50.0	100	50.0
通榆县	乌兰花乡	星火村	2 000	13.1	25.2	100	90	100	7.7	96.2	23.0
		冷家店村	1 900	9.2	39.1	80	99	100	87.2	100	34.9
	新兴乡	新兴村	6 800	8.7	39.0	85	98	70	70.0	87.3	47.7
		永茂村	4 600	8.7	68.3	53	95	100	44.2	100	44.2
镇赉县	莫莫格乡	乌兰昭村	3 000	7.6	30.6	63	97	100	40.0	54.2	0.0
		才立村	8 000	7.5	70.5	100	80	80	0.0	50.8	30.0
	建平乡	碗铺村	7 000	9.2	38.9	90	90	100	80.0	47.9	27.3
		长发村	5 500	0.7	59.3	80	98	90	95.0	88.3	41.7
		平宝村	7 000	5.3	67.7	100	100	100	80.0	90.0	21.8
洮北区	白城牧场	总厂	3 500	17.3	80.8	82	90	99	6.7	66.7	22.2
		二分厂	5 000	20.0	48.7	94	90	99	25.6	75.3	12.8
		八连	5 000	69.8	89.7	100	100	85	66.7	100	43.3
	平均		4 767	11.9	49.6	89	94	93	56.0	81.4	31.6

资料来源：实际调研。

由表 6-2 可以看出：

(1) 样本村农民人均纯收入高于白城市平均水平。2010 年白城市农民人均纯收入为 4 250 元，样本村农民人均纯收入的平均值高于这一数值，其中有 15 个村高于 4 250 元，所占比例为 62.5%。

(2) 样本村人均耕地面积远高于吉林省的平均水平，但村之间差别较大。样本村的人均耕地面积平均为 11.9 亩，远高于吉林省人均 3.15 亩的平均水平，但村之间差距较大，人均耕地面积最多的是洮北区白城牧场的八连，为 69.8 亩，最少的是镇赉县建平乡的长发村，仅为 0.7 亩。

(3) 样本村劳动力人口占村总人口的比重趋于合理（49.6%）。

(4) 样本村主要的经济来源是农业，即种植业。

(5) 样本村合作医疗参保比例和电话（手机）普及率较高。合作医疗参保比例和电话（手机）普及率都在 90% 以上。合作医疗参保比例和电话（手机）普及率是衡量社会发展状况的指标，仅从这两个指标来看，样本村的社会发展状况良好，但结论片面。

(6) 样本村的水资源贫乏，近一半的耕地不能有效灌溉。耕地有效灌溉面积仅为 56.2%，这样的水资源条件适合种植抗旱的农作物。

(7) 绿豆是样本村的主要农作物之一，是村民重要的收入来源。绿豆作为非主要粮食作物，种植面积占耕地面积的比例平均竟达到 31.6%，实际上，它的种植面积仅次于玉米。81.4% 的农户种植绿豆，也说明绿豆是当地的主要农作物之一。

以下是村表反映的，但在表 6-2 没有列出的样本村的一些情况：

(1) 样本村的地势都为平原。

(2) 样本村食用豆加工销售企业数量极少。24 个样本村中只有 2 个有食用豆加工销售企业，分别是洮南市永茂乡永丰村和蛟流河乡的姚炎村，共 5 家企业。

(3) 样本村食用豆品种包括绿豆、豇豆和红小豆，其中豇豆的数量较少，红小豆只是零星种植。

(4) 所有的样本村都是长期以来就种植绿豆，所以当地农户种植绿豆的重要影响因素除了经济因素外，或许还应考虑传统习惯因素。

(5) 样本村引进多抗专用品种大约是在 2000 年前后，根据调研了解的情况，目前农户种植的绿豆基本上都是多抗专用品种。

（6）绝大部分样本村没有食用豆合作社或专业协会。24个样本村中只有1个有食用豆合作社，是洮南市蛟流河乡蛟河村，有15个农户参加。

（7）几乎所有样本村都有人提供食用豆生产技术服务，是通过讲课和技术指导的形式。

（8）所有的样本村都没有食用豆补贴。

2. 农户调研情况总结

农户表内容包括八部分：家庭情况；家庭用固定资产的数量和质量；土地经营情况；农作物、畜产品和水产品的生产和销售情况；家庭收入情况；家庭支出情况；食用豆生产与销售情况；食用豆种植和销售情况。在绿豆种植的农户中，随机抽取获得244个样本农户。样本农户在地区间分布较为均匀（见表6-3）。

表6-3　　　　　　　样本农户的基本情况　　　　　　　单位：%

指标	具体内容	总样本(244)	洮南市(52)	大安市(54)	通榆县(50)	镇赉县(46)	洮北区(42)
年龄							
	30岁以下	4	10	5	0	5	0
	30~40岁	27	32	16	25	35	25
	40~50岁	51	26	68	50	45	65
	50~60岁	15	32	5	25	10	5
	60岁以上	3	0	5	0	5	5
文化程度							
	不识字或识字很少	0	0	0	0	0	0
	小学	21	21	35	35	5	10
	初中	51	47	60	40	70	40
	高中及以上	27	32	5	25	25	50
从事农业生产的劳动力占劳动力总数的比例		88	92	84	89	87	90
绿豆收入占农业收入的比例		24	19	45	8	21	25
支出比重							
	农业支出占总支出	47	53	49	41	39	55
	生活消费支出占总支出	42	41	38	52	44	35
人均使用耕地面积（亩）		27.8	25	27	15	14	58

资料来源：实际调研。

实际调研中,调查期为2011年,调研时间为11月中旬,此时当地农户部分农产品还没有收获(如玉米),即使已收获的农产品(如绿豆),由于各种原因多数农户还没有出售,故无法获得农户农业收入的实际数据。为了分析的需要,本调研中以调查地农户已出售农产品的单价作为参考价来估算农户的农业收入,其中玉米的参考价为1.7元/公斤,绿豆为6.4元/公斤。

农户表中所包括的有些内容只是部分农户具有的行为,如转移性支出、绿豆种子的购买情况等,这些将单独来分析,表6-3所列的是所有农户都具有的一些基本情况。

表6-3是样本农户的基本情况。一般而言,户主是家庭农业生产的决策者,故表6-3中年龄和文化程度都是样本农户户主的特征。

表6-3所反映出的问题:

(1)样本农户户主具有一定的文化程度,且较年轻,易于采用新品种和新技术。年龄在50岁以下的样本农户户主平均比例为82%,平均仅有3%的样本农户户主的年龄在60岁以上。这一特征普遍存在于调查所涉及的区域中。

(2)样本农户中外出打工活动较少。从事农业生产的劳动力占劳动力总数的比例平均为88%,说明样本农户主要从事的行业是农业,打工行为不多见。调研中发现,部分农户只在本村农忙时有零星的打工活动,且不占用自己农业生产时间,获得的收入在总收入中所占的份额较小;还有的农户有亲戚朋友间的帮工行为,不计报酬。

样本农户打工行为较少的原因可能有以下几个方面:农户文化水平和知识技能缺乏;当地企业较少,吸纳剩余劳动力能力有限;近几年,随着国家强农惠农政策的实施,农业补贴标准的提高,农作物价格普遍走高,农业的比较收益增加;当地比较恶劣的气候条件(冬天时间长且温度较低)或许也是一个重要因素。

(3)绿豆是样本农户重要的经济收入来源。绿豆收入占农业收入的平均比例为24%,调研中发现,对于个别农户而言,绿豆收入就是其全部收入来源。绿豆价格的大幅波动将对农民的生产和生活产生极大的影响。

(4)样本农户的支出结构简单,主要集中在农业生产和生活消费两个方面。

（5）土地流转行为在样本农户中普遍存在。人均实际使用耕地面积平均为 27.8 亩，远高于人均实际拥有的耕地面积 11.9 亩（见表 6-2），说明样本农户普遍存在土地流转行为，且方向为流进（实际上，参与调研的农户中所有有土地流转行为的农户都是流进），采取租赁的方式。原因可能是：调查地耕地面积较大，土地易于连成片儿，机械化程度高，产生规模效应；当地农户收入来源有限；有剩余劳动力可以从事农业生产。

表 6-3 外的其他信息：

（1）总体而言，样本农户种植农作物品种多，但主要集中于玉米和绿豆（见图 6-1）。

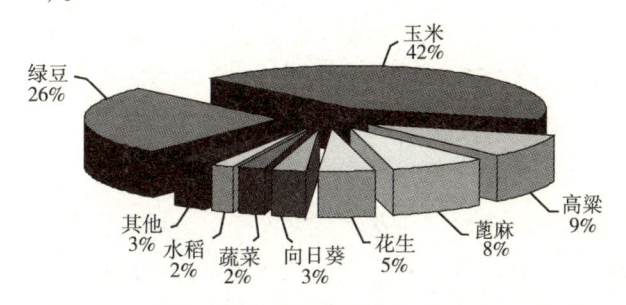

图 6-1 样本农户农作物种植结构（按种植面积）

其他农作物包括散穗高粱、豇豆、黄豆和药材。样本农户种植的农作物品种多，但具体到某一个农户，最多只种植其中的 4 种，且高度集中于玉米和绿豆，二者合计比例高达 69.13%。调研中发现，种植绿豆的土地也可以种植向日葵和花生，这两个品种近年来价格较稳定，收入也不错，相比较，绿豆价格波动较大，在这样的背景下，部分农户已经或准备缩小绿豆的种植面积，扩大花生和向日葵的种植面积。

（2）样本农户的借贷行为（民间借贷和商业借贷）较普遍。

调查中发现，有 37.1% 的农户有借贷行为，所借款项大部分用于农业生产，且用于农业生产的借款中用于绿豆的平均比例为 27.1%，这表明样本农户抵御风险的能力较弱，稳定绿豆价格对他们意义更大。

（3）转移性收入与支出（主要指亲戚之间的往来和农村的随礼）所占比例较大。样本农户的转移性收入和支出是相伴产生的，但由于转移性收入问题较敏感，所获数据与实际情况偏差较大，故仅分析样本农户的转移性支出情况。有 80.6% 的农户有转移性支出，平均每户支出 3 263 元，平均占样本农户支出总额的 8.1%。

（4）畜牧业生产主要是满足自身生活需要。调研中发现，几乎所有的样本农户都饲养 1~2 头猪和 10~30 只鸡，饲养的目的基本上是满足生活需要，极少部分样本农户饲养牛并作为收入来源的一部分。

（5）一半多农户选择购买绿豆新种子。

有 64.9% 的样本农户选择购买绿豆新种子，原因依次为：①高产、不易感染病虫害，这是最主要的原因；②土壤也需要更换种子才能提高生产力；③别人都买，自己也买；④初次种植，没有种子。新种子来源：①从种子公司购买，是最主要的来源渠道；②从其他农户购买；③交换种子。

没有使用新种子的原因依次为：①上年的种子是新买的，今年可以继续用不影响产量，一般隔 1 年买一次，这是主要原因；②种子公司出售的种子也是从农户收购后精选出品质好的再卖给农户，与自家的没有区别；③价格高；④没有采用新种子的意识。

（6）绿豆收益高于两种（花生和向日葵）油料作物平均收益。

绿豆的生产成本主要由种子、化肥、农药、燃料油（柴油）和人工成本构成，分别占 11.2%、27.3%、7.9%、14.8% 和 39.3%。由于只有部分样本农户购买了新种子，为了真实反映绿豆的成本构成，剔除没有购买种子的样本农户后产生新样本进行分析。此外，人工成本的计算等于实际使用的人工乘以当地的工价加上雇工成本。调研中发现，当地的工价在 80~120 元/天/人。

表 6-4　　　　　绿豆与两种油料作物成本收益的简单比较

项目	绿豆	2010 年两种油料作物平均收益
收入（元/亩）	478.07	638.86
主要成本（元/亩）		
种子	15.33	68.32
化肥	34.71	88.05
农药	12.25	15.66
燃料	23.46	0.23
人工	45.08	288.22
成本合计（元/亩）	130.83	460.48
纯收入（元/亩）	347.24	178.38

资料来源：实际调研数据和 2011 年《全国农产品成本收益资料汇编》。

表6-4是调查地2011年绿豆种植成本收益与2010年全国两种油料作物平均成本收益的简单比较，虽然调查期和调查地理范围不一致，但结果仍可参考。

从表6-4可以发现，绿豆四项主要成本中只有燃料成本高于两种油料作物平均，可能的原因：调查地规模种植，用到更多的机械；生产用水主要依靠井水，水泵抽水需要动力。因此，在目前情况下，绿豆的种植效益高于两种油料作物。

（7）大部分样本农户绿豆都没有出售，观望情绪严重。

样本农户中只有12%的农户出售了绿豆，大部分农户持豆观望，目前价格没有达到预期是不出售的主要原因，此外还有绿豆易储存，损耗成本低等原因，调研中样本农户说绿豆储存3~5年基本不会影响质量，对于后市的价格走向，大部分农户没有预期。

已出售绿豆的样本农户中，58%的农户是出于急需用钱的原因，33%的农户是预计价格将下跌，9%的农户是其他原因，如产量低。

3. 食用豆经纪人调研情况总结

食用豆经济人调查表内容包括经纪人特征、运营情况、采购和销售情况、信用和支付条件、存在的问题与建议五部分。样本食用豆经纪人分布于洮南市、大安市和通榆县。调研中发现如下情况：

（1）大部分样本食用豆经纪人只从事绿豆的收购和销售；购进的绿豆只经过简单的初选就进行销售。

（2）样本食用豆经纪人经营的场所都是自有；仓库贮藏量最小的100吨，最大的800吨，这反映了经营规模，而经营规模决定了不同的采购来源、采购方式、销售去向和销售方式所占的比重。

调研中发现，仓库贮藏量为100吨的食用豆经纪人采购来源中100%来自本村和本乡外村，且来自本村的占80%，而仓库贮藏量为800吨的食用豆经纪人这一比例是70%，其余的来自于本县外乡；采购方式中，前者80%直接从农民手中采购，后者这一比例仅为30%，其余的是从规模更小的经纪人手中采购；销售去向中，前者100%销往本省外县（洮南），后者100%销往外省；销售方式中，前者100%在市场直接销售，而后者100%

直接销售给加工企业。

（3）样本食用豆经纪人流动资金的来源渠道按所占份额的大小排序为：自有、商业信贷和民间信贷。

（4）样本食用豆经纪人2010年经营绿豆干豆的利润可达3 000~4 000元/吨。

（5）样本食用豆经纪人在经营过程中基本都是现金支付，极少存在赊账和预付款情况。

（6）样本食用豆经纪人认为目前经营中遇到的问题主要是：绿豆供大于求；缺少资金，无法购买经营所需的机械设备。希望政府可以加大对中小企业的扶持力度，如减免税额，给予贷款支持，对于购买机械设备给予补贴等。

4. 食用豆企业调研情况总结

食用豆企业调查表内容包括企业基本情况、企业经济状况、企业人员概况和食用豆产品加工、销售成本收益四部分。调查中发现如下情况：

（1）样本食用豆企业的主导产品都是杂粮杂豆，只经营绿豆的企业占83%，6家企业中5家有出口经营权，且2010年都有绿豆出口。

（2）样本食用豆企业的员工人数在18~35人之间，年龄主要集中在30~39岁，文化程度基本上都是高中及以下，员工的专业技术级别都是在初级及以下。

（3）样本食用豆企业的收入全部来源于产品销售收入，且都为主产品销售收入，成本主要由采购成本中的原料成本构成，约占成本总额的90%。

（4）2010年所有的样本食用豆企业都盈利。

本年度的调研存在如下问题：只有一年的数据，无法进行纵向的比较；数据整理工作没有全部完成，分析的深度不够；问卷设计存在不足，某些关键问题遗漏，如绿豆种植户的价格预期；食用豆经纪人和企业样本量小，分析不全面。

6.2.2　2012年调研情况总结

2012年10月24~30日，国家食用豆产业技术体系综合研究室食用豆产业经济课题组第二次赴吉林省白城市就绿豆的种植、生产、加工、经营等问题进行了调研，调研仍主要采用问卷调查的方法，在上年村表、农户表、经纪人表和企业表的基础上，结合上年调研中发现的实际情况，对问卷中的部分内容作了补充和调整，调整比较大的是农户表，如考虑到白城土地流转的普遍性，在食用豆生产成本中增加了土地租金这一项；又如，根据当地的实际生产情况，在家庭用固定资产数量和价值中增加了机动脱粒机、玉米扒皮机、播种机和收割机等具体生产工具。

本次调研范围包括白城市所辖的一区（洮北区）、两县（通榆县、镇赉县）、两市（洮南市、大安市）的10个乡镇及洮北区的白城牧场，27个村及白城牧场的八连，215个农户。村表和农户表的调研样本与上年一致，便于进行跟踪分析，但是白城市2012年的情况较为特殊，一是绿豆价格近两年走低，许多上年种植绿豆的农户当年不再种植，转向效益更好的玉米和花生；二是2012年白城市雨季比往年推迟近半个月，因而农民收秋的季节也相应后移，10月末大多农户仍在地里忙碌，这给调查带来一定困难。因而本次的调研样本只是部分与上年一致，且数量上少于250户，也少于上年的样本数244。基于已获得的调研资料，下面分两个部分，从村、食用豆种植户的角度就调研情况进行总结。

1. 村调研情况总结

表6-5是本次调研的地区及样本分布。村表内容包括村的地势及基本情况、土地资源和水资源、社会发展情况和食用豆专题四个部分。考虑到对村整体情况的把握，村表的填写由村干部、村会计或者村农业推广站的站长来完成。

表6-5　　　　　　　　　2012年调研地区及分布

洮南市(9)			大安市(5)		通榆县(6)			镇赉县(6)		洮北区(1)
蛟流河乡	永茂乡	万宝乡	舍力乡	叉干镇	乌兰花乡	新兴乡	瞻榆镇	莫莫格乡	建平乡	白城牧场
蛟河村	五棵树村	新民村	民富村	民乐村	星火村	新兴村	四明村	乌兰昭村	金山堡村	八连
姚炎村	永丰村	复茂村	民众村		冷家店村	永茂村		元宝吐村	英华村	
山河村	头段村	复盛村	民和村		东木村			蒙根特拉村	三合村	
		庆华村								

资料来源：实际调研。

实际调研中，洮南市万宝乡的复茂村和复盛村，通榆县乌兰花乡的星火村和东木村、新兴乡的新茂村、瞻榆镇的四明村，镇赉县莫莫格乡的蒙根特拉村、建平乡的金山堡村由于没有见到了解村整体情况的人而没有获得村表，故最终只有19份村表。

通过表6-1和表6-5的对比可以发现：在乡（镇）层面，2012年11个样本中有9个与2011年相同；在村层面，2012年27个样本中有16个与2011年相同，因而有必要对村的基本情况做分析。

表6-6是样本村的基本情况，反映出的基本问题是：

（1）样本村农民人均纯收入低于白城市平均水平。2011年白城市农民人均纯收入为5 500元，样本村农民人均纯收入的平均值低于这一数值，其中有12个村低于5 500元，所占比例为63.2%。

（2）样本村的人均耕地面积较大，但村之间存在显著差别。样本村的人均耕地面积平均为7.6亩，人均耕地面积最大的是洮北区白城牧场的八连，为50亩，最少的是大安市舍力乡的民富村，仅为2.1亩。

（3）样本村劳动力人口占村总人口的比重趋于合理（48.5%）。

（4）样本村主要的经济来源是农业。来自农业的收入在村经济总收入中平均占81.5%，其中有8个样本村，农业收入是唯一的经济收入来源。

（5）样本村的水资源较贫乏，有效灌溉面积占耕地面积的比重为64.2%。

（6）绿豆是样本村的主要农作物之一，但重要性在下降。约有60.8%的农户种植绿豆，但是绿豆种植面积占耕地面积的比重仅为20.5%。

2012年样本村的基本情况的第（2）、（3）、（4）、（5）点与2011年样本村的基本情况大致相同，第（1）点与2011年样本村的情况正好相反，绿豆在样本村中的重要性（第（6）点）与2011年相比变化较大，为了使分析更加客观，这里选取2011年和2012年调查中，村完全相同的洮南市蛟流河乡进行对比。从表6-7可以看出，无论是绿豆种植户占村户数的比重还是绿豆种植面积占耕地面积的比重，洮南市蛟流河乡三个村2012年的比例都显著低于2011年，绿豆种植户占村户数的比重由2011年的89.6%降为2012年的40.4%，绿豆种植面积占耕地面积的比重由2011年的31.2%降为2012年的1.8%。

表 6-6　　　　　　　　　　　样本村的基本情况　　　　　　　　　　单位:%

区域			人均纯收入（元）	人均耕地面积（亩）	劳动力人口占村总人口的比重	农业收入占村经济总收入的比重	有效灌溉面积占耕地面积的比重	绿豆种植户占村户数的比重	绿豆种植面积占耕地面积的比重
洮南市	蛟流河乡	蛟河村	2 700	9.8	45.5	85.0	90.0	11.4	2.5
		山河村	4 000	—	66.7	100	—	9.8	1.2
		姚炎村	2 000	5.6	90.0	100	83.3	100	1.7
	永茂乡	永丰村	12 000	5.6	48.8	100	100	21.9	10.0
		五棵树村	6 000	5.8	—	—	—	—	—
		头段村	18 000	9.8	33.3	100	100	20.0	4.5
	万宝乡	新民村	1 700	3.5	35.3	100	80.0	100	60.0
大安市	舍力乡	民富村	4 500	2.1	26.9	87.5	32.3	89.8	43.0
		民众村	2 800	3.9	45.7	66.7	100	92.5	39.1
		民和村	2 400	2.2	54.0	60.0	50.0	70.0	50.0
		庆华村	1 800	—	30.0	—	—	90.0	—
	叉干镇	民乐村	3 500	4.3	57.6	100	31.4	63.1	—
通榆县	乌兰花乡	乌兰花村	7 000	2.7	54.2	100	25.0	80.0	34.9
	新兴乡	新兴村	2 000	6.1	52.7	100	60.0	60.0	20.0
镇赉县	莫莫格乡	乌兰召村	6 000	3.2	39.3	50.0	50.0	40.5	11.1
		元宝吐村	2 730	3.3	44.4	60.0	50.0	77.8	3.4
	建平乡	三合村	5 000	4.0	24.1	59.9	40.7	100	19.3
		英华村	4 800	8.1	48.8	50.0	85.0	43.8	14.0
兆北区	白城牧场	八连	8 000	50.0	75.0	66.7	50.0	23.1	12.5
	平均数		5 102	7.6	48.5	81.5	64.2	60.8	20.5

注："—"表示问卷缺乏数据而无法计算。
资料来源：实际调研。

表 6-7　　　　　2011 年和 2012 年洮南市蛟流河乡
　　　　　　　　三个村绿豆种植变化情况　　　　　　　单位:%

区域	2011 年 绿豆种植户占村户数的比重	2011 年 绿豆种植面积占耕地面积的比重	2012 年 绿豆种植户占村户数的比重	2012 年 绿豆种植面积占耕地面积的比重
蛟河村	90.9	36	11.4	2.5
三河村	78	20	9.8	1.2
姚炎村	100	37.5	100	1.7
平均	89.6	31.2	40.4	1.8

资料来源：实际调研。

此外还有一些村表反映的，但在表 6-6 没有列出的样本村的一些情况，与 2011 年样本村基本相似，如：样本村的地势都为平原；样本村食用豆加工销售企业数量极少；样本村食用豆品种包括绿豆、豇豆和红小豆，其中豇豆的数量较少，红小豆只是零星种植；所有的样本村都是长期以来就种植绿豆，所以当地农户种植绿豆的重要影响因素除了经济因素外，或许还应考虑传统习惯因素；几乎所有的样本村都没有食用豆合作社或专业协会；大部分样本村都有人通过讲课和技术指导的形式，提供食用豆生产技术服务；所有的样本村都没有食用豆补贴。

2. 农户调研情况总结

农户表主要内容包括八个部分：家庭情况；家庭用固定资产的数量和质量；土地经营情况；农作物、畜产品和水产品的生产和销售情况；家庭收入情况；家庭支出情况；食用豆生产与销售情况；食用豆种植和销售情况。215 个样本户中，19 户确定是上年的调查户，19 户不确定上年是否参加调查，177 户确定不是上年的调查户，因而有必要对样本农户的基本情况做分析。

农户表中所包括的有些内容只是部分农户具有的行为，如农业生产补贴、转移性支出、绿豆种子的购买情况、租地费用等，这些将单独分析。表 6-8 所列的是所有农户都具有的一些情况，截至调查期（10 月下旬），当地农户部分农产品还没有收获（如玉米），即使已收获的农产品（如绿豆），由于各种原因多数农户还没有出售，故无法获得农户农业收入的真实数据。此外，根据调研了解的情况，土地流转行为普遍存在，因此表6-8中选取绿豆种植面积占实际使用耕地面积的比重来分析绿豆收入在农户收入中的重要性；同样，由于忙于秋收，许多被调查者并不是户主，因而无法准确说出支出情况，故表6-8中缺乏反映样本农户支出情况的指标，一般而言，户主是家庭农业生产的决策者，故表中年龄和文化程度都是样本农户户主的特征。

表6-8　　　　　样本农户的基本情况　　　　　　　单位：%

指标	具体内容	总样本(215)	洮南市(57)	大安市(43)	通榆县(58)	镇赉县(45)	洮北区(12)
年龄	30岁以下	4.0	5.3	0.0	1.7	2.2	41.7
	30~40岁	25.1	29.8	7.0	24.1	17.8	16.7
	40~50岁	41.4	41.1	51.2	37.9	37.8	33.3
	50~60岁	20.9	19.3	14.0	24.1	28.9	8.3
	60岁以上	12.6	4.5	27.8	12.2	13.3	0.0
文化程度	不识字或识字很少	0.0	0.0	0.0	1.7	2.2	8.3
	小学	28.8	24.6	60.4	24.1	35.6	16.7
	初中	35.8	33.3	34.9	24.1	44.4	75.0
	高中及以上	35.4	42.1	4.7	50.1	17.8	0.0
户均自有耕地面积（亩）		88.1	41.2	33.6	58.5	33.8	273.5
户均实际使用耕地面积（亩）		123.3	83.0	72.1	104.1	56.1	301.0
绿豆种植面积占实际使用耕地面积的比重		30.0	25.8	44.4	26.5	34.5	18.5

资料来源：实际调研。

表6-8所反映出的问题：

（1）样本农户户主具有一定的文化程度，且较年轻，易于采用新品种和新技术。年龄在50岁以下的样本农户户主平均比例为70.5%，具有初中以上学历的样本农户户主平均比例为71.2%，这一现象普遍存在于调查所涉及的区域中。

(2) 绿豆是样本农户重要的经济收入来源。绿豆种植面积占实际使用耕地面积的平均比重为30%，最高的是大安市的样本农户，为44.4%，最低的是洮北区的样本农户，为18.5%。

(3) 土地流转行为在样本农户中普遍存在。

户均实际使用耕地面积平均为213.3亩，远高于户均自有耕地面积88.1亩，说明样本农户普遍存在土地流转行为，且方向为流进，流转方式大多采取租赁的方式，也有少部分农户耕种亲戚和邻居的土地，这样的情况下是不需要支付租金的。样本农户土地流转行为普遍的原因可能是：调查地耕地面积较大，土地易于连成片儿，机械化程度高，产生规模效应；当地农户收入来源有限；有剩余劳动力可以从事农业生产。

表6-8外的其他信息：

(1) 样本农户中外出打工活动较少。

样本农户主要从事的行业是农业，打工行为不多见。调研中发现，部分农户只在本村农忙时有零星的打工活动，且不占用自己的农业生产时间，获得的收入在总收入中所占的份额较小；还有的农户有亲戚朋友间的帮工行为，不计报酬。

样本农户打工行为较少的原因可能有以下几个方面：农户文化水平和知识技能缺乏；当地企业较少，吸纳剩余劳动力能力有限；近几年，随着国家强农惠农政策的实施，农业补贴标准的提高，农作物价格普遍走高，农业的比较收益增加；当地比较恶劣的气候条件（冬天时间长且温度较低）或许也是一个重要因素。

(2) 样本农户种植农作物品种多，但主要集中于玉米和绿豆（见图6-2）。

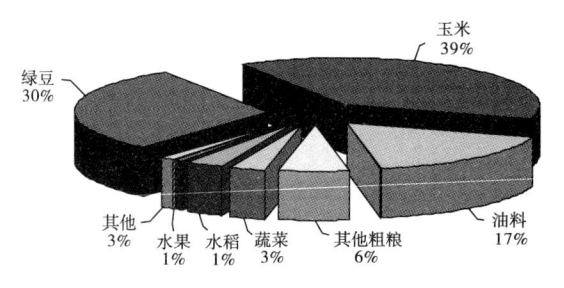

图6-2 样本农户农作物种植结构（按种植面积）

其他粗粮主要指高粱,其他包括散穗高粱、豇豆、黄豆和药材。样本农户种植的农作物品种多,但具体到某一个农户,最多只种植其中的4种,且高度集中于玉米和绿豆,二者合计比例高达69%。这与上年样本农户的种植结构类似。

(3)转移性收入与支出(主要指亲戚之间的往来和农村的随礼)数额较大。

样本农户的转移性收入和支出是相伴产生的,但由于转移性收入问题较敏感,所获数据与实际情况偏差较大,故仅分析样本农户的转移性支出情况。有75.8%的农户有转移性支出,平均每户支出5 863元,远高于上年样本农户的转移性支出(3 263元)。

(4)92.3%的样本农户都有农业生产补贴。白城农业生产补贴的标准是1公顷耕地1 300元,补贴范围是农户向集体承包的土地,转租、转包或租赁的土地没有补贴。

(5)29.3%的样本农户参加了农业保险(1公顷耕地60元)。

(6)绝大部分农户愿意将绿豆卖给小商贩。

在171户回答了绿豆销售意愿的农户中,有116户选择卖给小商贩,原因依次为:①方便、省事;②当地除了小商贩,没有其他收购者;③公司收购绿豆的标准高,而且还存在压价和称不准的现象;④公司的价格和商贩的价格差不多;⑤数量少,不值得自己运输出去卖。有43户选择卖给公司,原因基本都是售价高于商贩,其余的12户认为公司和商贩谁给的价格高就卖给谁。

(7)绝大部分农户表示明年不愿意继续种植食用豆。

在204户回答了"继续种植绿豆意愿"这一问题的农户中,有148户表示明年不再继续种植绿豆,原因依次为:①绿豆产量低、价格低;②种植习惯;③省事。43户表示明年愿意继续种植绿豆,原因依次为:①土地不好且没有灌溉条件,只能种绿豆;②倒茬;③分散经营风险。其余的13户表示不确定,到时候看。

(8)一半多农户选择购买绿豆新种子。

有55.1%的样本农户选择购买绿豆新种子,原因依次为:①高产、不易感染病虫害,这是最主要的原因;②土壤也需要更换种子才能提高生产力；③别人都买，自己也买；④初次种植，没有种子。新种子来源依次为：①从种子公司购买，这是最主要的来源渠道；②从其他农户购买；③交换种子。

没有使用新种子的原因依次为：①上年的种子是新买的，当年可以继续用不影响产量，一般隔1年买一次，这是主要原因；②种子公司出售的种子也是从农户收购后精选出品质好的再卖给农户，与自家的没有区别；③价格高；④没有采用新种子的意识。

(9) 绝大部分样本农户绿豆都没有出售，观望情绪严重。

样本农户中只有15.4%出售了绿豆，大部分农户持豆观望，目前价格没有达到预期是不出售的主要原因，此外还有绿豆易储存，损耗成本低等原因。调研中发现：①样本农户说绿豆储存3~5年基本不会影响质量；②部分农户已储存了3年的绿豆，对于后市的价格走向，大部分农户没有预期，但他们的预期价格是每斤6元，而目前的价格是每斤3.2元，二者差距较大。

已出售绿豆的样本农户中，出售原因主要是当年遭受自然灾害，绿豆品质不好，此外还有数量少，不值得储存等原因。

(10) 绿豆成本收益情况。

表6-9的数据是从样本农户中选择了66户成本资料完整的农户汇总得来，其中机械、薄膜和土地成本是部分农户具有的成本项目，有的农户在种植绿豆前用机器平整土地，因而产生了机械成本；有的农户为了增加绿豆产量而用薄膜覆盖，因而产生了薄膜成本；有的农户用租赁的土地种植绿豆，因而产生了土地成本。

表6-9　　　　　　　　　　绿豆农户成本情况

	种子	化肥	农药	燃料油	机械	薄膜	人工	土地成本	合计
金额（元/亩）	26.1	56.9	22.1	25.1	0.7	2.5	74.9	45.1	253.4

资料来源：实际调研。

白城绿豆的平均单产为110公斤，2012年平均销售价格为7.2元/公斤，平均每亩产值为792元，含人工成本的平均每亩收益为538.8元，不含人工成本的平均每亩收益为583.7元。

本年度调研主要存在的问题是，样本年际间变化较大，无法进行跟踪分析。

6.3 江苏省南通市蚕豌豆调研情况总结

6.3.1 2011年调研情况总结

江苏省的食用豆品种资源丰富，群众一直就有种豆习惯。江苏省种植的食用豆种类有绿豆、小豆、蚕豆、豌豆、芸豆（江苏省内速冻加工称刀豆）、扁豆、豇豆、四季豆等，其中绿豆、小豆、蚕豆、豌豆播种面积较大。以绿豆、小豆、蚕豆、豌豆等为主的多元多熟、间作套种和复种指数高的食用豆生产是江苏省种植业的一大特色。近年来，随着农业种植结构的调整和加工企业的迅速发展，鲜食食用豆发展迅猛，已经成为江苏省农业的一个支柱产业。

南通市是江苏省蚕豌豆的主要产区，2009年南通市蚕豌豆播种面积80.4万亩，占夏粮面积22.8%。近年来，蚕豌豆在夏粮面积中的占比虽有所下降，但基本保持在20%以上，主导品种大多以"海门大青（白）皮"、"日本大板豆"、"中豌4号"等为主。2010年由于受不利气候的影响——冬季低温干旱，夏季连续多日高温，蚕豌豆平均单产153.4公斤/亩，比上年减少10.3公斤，豌豆总产11.9万吨，比上年减少1.2万吨。2011年南通市农业生产的主要目标之一是调优品种布局。其中蚕豌豆要突出鲜食，选用商品性较好的大粒型蚕豆品种和"中豌4号"、"中豌6号"等。

2011年9月26~30日国家食用豆产业技术体系综合研究室食用豆产业经济课题组赴南通市就蚕豌豆的种植、生产、加工、经营等问题进行了调研，调研采用问卷调查和实地访谈的方法，调研设计了村表、农户表、食用豆经纪人表和食用豆企业表，调研范围包括南通市所辖的一区（通州北区）、一县（如东县）、三市（如皋市、海门市、启东市）的13个乡镇，26个村，250个农户，21位食用豆经纪人和3家食用豆企业，调研样本随机获取。下面分四个部分，从村、食用豆种植户、食用豆经纪人和食用豆企业的角度就调研情况进行总结。

1. 村调研情况总结

表6-10是本次调研所涉及的地区及分布。村表内容包括村的地势及基本情况、土地资源和水资源、社会发展情况和食用豆专题四部分。考虑到对村整体情况的把握，村表的填写由村干部或者村会计来完成。

表6-10　　　　　　　　　　2011年调研地区及分布

通州区（6）				如东县（5）		如皋市（5）		启东市（5）		海门市（5）		
三余镇	刘桥镇	东社镇	新联镇	掘港镇	大豫镇	白蒲镇	高明镇	汇龙镇	寅阳镇	树勋镇	三厂镇	霍隆镇
海防村	长岸村	香台村	长岸村	野营角村	豫东村	朱窑村	刘庄村	临江村	农武村	和平村	新丰村	霍隆村
恒兴村				洋岸村	马家店村	康庄村	卢庄村	鹤群村		和合镇村	新北村		海山村
大乐村						强民村		章庄村		东清河村			

资料来源：实际调研。

实际调研中，由于通州区刘桥镇长岸村和新联镇长岸村的村干部和村会计不在调研现场，没有取得这两个村的村调查表，故实际村级样本24个。从表6-10可以看出，本次调研村级样本分布较合理，每个市/县/区包括2~4个镇，包括5~6个村。

表6-11是样本村的基本情况，反映出的问题是：

（1）样本村农民人均纯收入高于南通市平均水平，但村之间差别较大。2010年南通市农民人均纯收入为9 914元，样本村农民人均纯收入的平均值高于这一数值，其中有12个村高于9 914元，所占比例为50%，村之间差距较大，最高的是启东市汇龙镇临江村，为人均17 800元，而最低的是如皋市白蒲镇朱窑村，仅为人均6 085元。

（2）样本村人均耕地面积略高于江苏省的平均水平。样本村的人均耕地面积平均为1.1亩，略高于江苏省人均0.93亩的水平。

（3）样本村劳动力人口占村总人口的比重趋于合理（44.9%）。

（4）样本村主要的经济来源不是农业。样本村农业收入占村经济总收入的比重平均为29.4%，说明农业已不是当地农民收入的主要来源。样本村农民收入的主要来源有：务工、经商和建筑业。

（5）耕地是样本村土地资源的主要组成部分。样本村土地种类较多，除了耕地外，几乎所有的村都有林地、水域、园地。

（6）样本村的水资源丰富，绝大部分耕地可以有效灌溉。

（7）食用豆是样本村的主要农作物之一。

（8）样本村种植的食用豆品种主要是蚕豌豆。

样本村蚕豌豆种植面积占食用豆种植面积的比重平均为75.9%，说明蚕豌豆是样本村主要的食用豆品种，样本村的食用豆品种还包括绿豆、红小豆、刀豆和毛豆。

表6-11　　　　　　　　样本村的基本情况　　　　　　　　单位:%

区域			人均纯收入（元）	人均耕地面积（亩）	劳动力人口占村总人口的比重	农业收入占村经济总收入的比重	耕地面积占土地总面积的比重	有效灌溉面积占耕地面积的比重	食用豆种植户占村户数的比重	蚕豌豆种植面积占食用豆面积的比重
通州区	三余镇	新华村	10 400	1.3	39.2	75.3	73.6	100	87.9	100
		海防村	10 858	1.6	49.0	69.3	86.5	100	—	92.0
		恒兴村	10 210	1.6	39.6	42.9	95.9	100	—	90.1
		大乐村	11 000	1.6	44.0	8.0	100	89.7	89.5	98.0
	东社镇	香台村	9 800	1.2	31.4	—	73.6	53.2	9.9	100
如东县	掘港镇	野营角村	9 600	1.2	43.2	—	74.9	100	78.6	62.1
		洋岸村	9 182	1.2	54.1	34.9	94.2	97.3	70.0	97.1
	大豫镇	豫东村	9 000	1.6	40.4	50.0	—	56.8	75.8	107.3
		马家店村	9 597	1.2	55.5	—	72.1	100	99.7	91.7
		强民村	9 630	1.3	52.3	20.0	71.9	100	99.7	93.6
如皋市	白蒲镇	朱窑村	6 085	0.8	69.8	21.7	78.5	100	35.3	85.7
		康庄村	7 854	1.1	65.6	11.7	73.3	96.2	79.4	70.9
	高明镇	刘庄村	10 258	1.3	41.9	33.3	87.1	100	71.0	94.7
		卢庄村	8 000	1.0	46.1	28.6	99.0	100	99.3	93.2
		章庄村	9 865	1.3	44.3	24.6	92.5	100	35.5	98.4

续表

区域			人均纯收入（元）	人均耕地面积（亩）	劳动力人口占村总人口的比重	农业收入占村经济总收入的比重	耕地面积占土地总面积的比重	有效灌溉面积占耕地面积的比重	食用豆种植户占村户数的比重	蚕豌豆种植面积占食用豆面积的比重
启东市	汇龙镇	临江村	17 800	0.9	36.0	11.8	85.2	96.1	57.4	26.7
		鹤群村	11 600	1.0	37.5	1.9	63.9	97.2	—	—
	寅阳镇	农武村	9 500	0.7	52.4	15.2	73.9	93.3	90.2	28.6
		和合镇村	8 000	0.9	40.7	60.0	77.3	100	84.2	25.0
		东清河村	8 320	0.9	35.5	—	65.9	58.3	65.3	25.2
海门市	树勋镇	和平村	11 300	0.6	38.0	13.3	92.5	100	88.7	60.0
		新北村	10 700	0.7	39.4	30.0	82.8	100	45.3	76.1
	三厂镇	新丰村	14 211	1.2	43.5	21.9	80.4	—	84.6	48.4
	霍隆镇	霍隆村	11 300	0.6	39.9	14.5	85.0	100	76.9	73.1
		海山村	11 000	1.0	43.9	—	100	—	—	83.3
总平均数			10 203	1.1	44.9	29.4	82.5	93.2	66.3	75.9

资料来源：实际调研；"—"表示缺少数据或数据不合实际。

以下是村表反映的，但在表6-11没有列出的样本村的一些情况：

（1）样本村的地势都为平原。

（2）多数样本村的生产用水需收费。24个样本村中有15个生产用水收费，收费标准从7元/亩到75元/亩不等。

（3）样本村拥有一定数量的食用豆加工销售企业，但分布不均。24个样本村中有7个村有食用豆加工销售企业，共有52家企业，其中如皋市高明镇的刘庄村就有18家。

（4）多数样本村都是长期以来就种植食用豆。样本村大多在20世纪50~60年代就开始种植食用豆，有4个样本村种植食用豆始于2005年前后。

(5) 样本村引进多抗专用品种大约是在2000年前。

(6) 近一半的样本村有食用豆专业技术组织或食用豆合作社。24个样本村中有11个有食用豆专业技术组织或食用豆合作社，参加户数总计5 500户，约占食用豆种植户的20%。

(7) 几乎所有样本村都有人通过讲课和技术指导的形式提供食用豆生产技术服务。

(8) 近一半儿的样本村认为近年来食用豆种植收益上升。24个样本村中，有11个认为近年来食用豆种植收益上升，原因是：新品种品质好，食用豆价格上涨；7个村认为种植收益下降，原因是生产成本上升；6个村认为基本没变。

(9) 所有的样本村都没有食用豆补贴。

2. 农户调研情况总结

农户表内容包括八个部分：家庭情况；家庭用固定资产的数量和质量；土地经营情况；农作物、畜产品和水产品的生产和销售情况；家庭收入情况；家庭支出情况；食用豆生产与销售情况；食用豆种植和销售情况。在食用豆种植的农户中，随机抽取获得250个样本农户。样本农户在地区间分布较为均匀（见表6-12）。

调研中发现，蚕豆约60%收青，也就是相当于蔬菜用来鲜食，40%收干，一般做种子使用；豌豆几乎100%收青；红小豆是100%收干。对于同一样本户，食用豆一部分收青，一部分收干，这导致初次调研时由于对这一情况不了解，产量统计有偏差。因而在本部分没有将食用豆产量作为分析指标。调研中还发现，样本农户的农作物种植都采用套种的模式，食用豆的套种模式有：蚕豆—西瓜—棉花，大白皮蚕豆—无籽西瓜—大叶菠菜，青蚕豆/青玉米—青毛豆，青蚕豆/榨菜—毛豆等，因而调研中所获得的农作物的种植面积都大于实际播种面积。

表6-12是样本农户的基本情况。一般而言，户主是家庭农业生产的决策者，故表6-12中年龄和文化程度都是样本农户户主的特征。

表6-12　　　　　　　　　样本农户的基本情况　　　　　　　　　单位:%

指标	具体内容	总样本(250)	通州区(52)	如东县(51)	如皋市(50)	启东市(49)	海门市(48)
年龄	30岁以下	0	0	0	0	0	0
	30~40岁	3	5	10	0	0	0
	40~50岁	13	5	20	20	5	16
	50~60岁	44	70	50	10	45	42
	60岁以上	40	20	20	70	50	42
文化程度	不识字或识字很少	5	0	0	10	5	11
	小学	22	0	25	20	35	32
	初中	36	40	25	50	35	32
	高中及以上	36	60	50	20	25	25
农业收入占收入总额的比重		27	37	17	33	24	26
食用豆收入占农业收入的比重		20	14	22	24	17	23
人均实际使用耕地面积(亩)		1.5	1.7	1.2	1.7	1.5	1.2

资料来源:实际调研。

表6-12所反映出的问题:

(1)样本农户户主文化程度较高,但年龄偏大。具有初中以上文化程度的样本农户户主的平均比例为72%,然而年龄在50岁以上的样本农户户主平均比例为84%。原因是:年轻人基本都出去打工,老年人务农,实际调研中发现,即使是50~60岁的老人除务农之外,也普遍在家附近打零工。

(2)农业收入不是样本农户主要的经济收入来源。农业收入占收入总额的平均比重为27%,调研中发现,由于样本农户中从事农业生产的多为老年人,他们的生活开支主要依靠子女给予,许多人少说收入总额,因而,实际比重应低于27%。

(3)食用豆收入是样本农户农业收入的重要来源。食用豆收入占样本农户农业收入的平均比重为20%,调研中发现,部分农户种植食用豆是为了自己食用，部分农户种植食用豆最终没有出售，而是和商贩交换大米，因而实际的比重应大于20%。

（4）土地流转行为在样本农户中较少发生。人均实际使用耕地面积平均为1.5亩，略高于人均实际拥有的耕地面积1.1亩（见表6-11），说明样本农户存在一定的土地流转行为，但不普遍。原因是：①调研家庭人口数时，部分样本农户回答的是家庭常住人口数，小于家庭实际人口数；②人均耕地面积少，且土地往往不连片儿，难以产生规模效益，流转的积极性不高。

表6-12外的其他信息：

（1）样本农户土地面积虽少，但种植的农作物品种多。

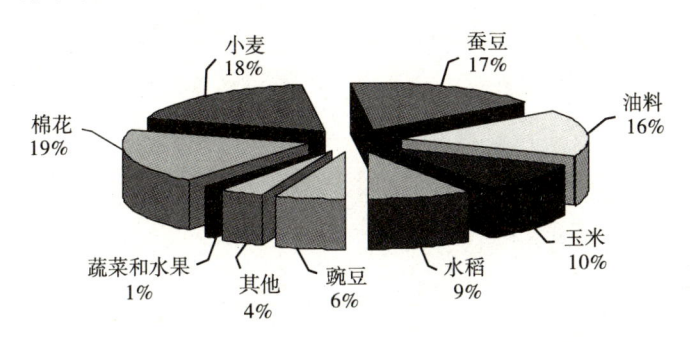

图6-3 样本农户农作物种植结构（按种植面积）

其他农作物包括薯类和其他粗粮。样本农户种植的农作物品种多，调研中发现，即使在0.9亩的土地上，也可以种植至少三种农作物。食用豆（蚕豆、豌豆、红小豆）的种植面积合计占23.98%，超过棉花、小麦和油料作物等。调研中发现，即使2010年恶劣的天气使荷仁豆（豌豆的一种）产量大幅下降，但种植收益仍是小麦的两倍。

（2）部分样本农户有财产性收入（股息和利息）。

（3）转移性收入（主要指子女给父母的生活费）与支出（主要指亲戚之间的往来和农村的随礼）所占比例较大。样本农户大多年龄偏大，转移性收入为子女给的生活费，还有部分达到一定年龄领取的养老金。样本农户有31.3%的农户有转移性支出，平均占支出总额的11.6%。

（4）畜牧业生产主要是为了获得收入。调研中发现，24.2%的样本农户有畜牧业收入，饲养品种有鸡、羊和猪，畜牧业生产主要是为了获得收入，极少有农户是为了满足自身生活需要。

（5）大部分样本农户选择自留食用豆种子。

调研中发现，32.3%的样本农户选择购买食用豆种子，原因依次为：①高产、不易感染病虫害，这是最主要的原因；②销量好、售价高。新种子来源依次为：①从种子公司购买，这是最主要的来源渠道；②沿江农科所；③从其他农户购买；④交换种子。

没有使用新种子的原因依次为：①觉得自家的种子和买的差不多，这是主要原因；②买的种子太贵；③面积小，不值得买；④没有采用新种子的意识。

调研中发现：①个别样本农户食用豆种子自留一部分，购买一部分，说这样可以提高产量；②有的样本农户竟然20年都是自留种；③有农户表示，种植蔬菜经济效益较高，表示下一年不种植食用豆了。

（6）样本农户食用豆销售渠道多样。60.3%的样本农户将食用豆销售给商贩，其中35.6%的农户销售给上门收购的商贩，24.7%的农户将食用豆送到商贩的收购点；28.8%的农户直接销售给企业；其余的11%销售给合作社。

3. 食用豆经纪人调研情况总结

食用豆经济人调查表内容包括经纪人特征、运营情况、采购和销售情况、信用和支付条件、存在的问题与建议五方面。样本食用豆经纪人分布于通州区、如东县、如皋市和海门市。调研中发现如下情况：

（1）从经营范围来看，33.3%的样本食用豆经纪人既从事蚕豆也从事豌豆的收购和销售，33.3%的样本经纪人只从事蚕豆或只从事豌豆的收购与销售，其他的经纪人还从事除蚕豆和豌豆之外的其他食用豆的收购和销售。

（2）样本食用豆经纪人经营的场所40%自有，60%租赁；仓库贮藏量最小的5吨，最大的200吨，这反映了经营规模，而经营规模决定了不同的采购来源、采购方式、销售去向和销售方式所占的比重。贮藏量大的食用豆经纪人采购来源、采购方式、销售去向和销售方式都相当集中和单一（见表6-13）。

表6-13　　　　　不同贮藏量食用豆经纪人采购销售情况占比　　　　单位:%

项目		贮藏量10吨				贮藏量200吨			
		2011蚕豆		2011豌豆		2011蚕豆		2011豌豆	
		鲜豆	干豆	鲜豆	干豆	鲜豆	干豆	鲜豆	干豆
采购来源	从本村采购	90	80	80	—	100	100	100	—
	从本乡外村采购	5	15	10	—	—	—	—	—
	从本县外乡采购	5	5	10	—	—	—	—	—
	从外市县采购	—	—	—	100	—	—	—	—
采购方式	直接从农民手中采购	100	90	90	—	100	100	100	—
	从经纪人手中采购	—	10	—	100	—	—	—	—
销售去向	在本乡销售	—	10	—	10	—	—	—	—
	在本县外乡销售	—	—	—	5	—	—	—	—
	在本省外县销售	100	90	100	85	100	—	100	—
	在外省销售	—	—	—	—	—	100	—	—
销售方式	直接市场销售	—	—	—	—	—	—	—	—
	销售给经纪人	10	10	—	100	—	—	—	—
	销售给加工企业	90	90	100	—	100	100	100	—

资料来源:实际调研。

（3）样本食用豆经纪人流动资金的来源渠道按所占份额的大小排序为:自有、股金和借贷。

（4）样本食用豆经纪人在经营过程中基本都是现金支付,极少存在赊账和预付款情况。

（5）样本食用豆经纪人认为目前经营中遇到的最大问题是资金量不足、食用豆价格不稳,希望政府可以给予信贷支持。

4. 食用豆企业调研情况总结

食用豆企业调查表内容包括企业基本情况、企业经济状况、企业人员概况和食用豆产品加工、销售成本收益四部分。调查中发现如下情况:

（1）样本食用豆企业的主导产品都是速冻蔬菜,最多的涉及18个品种，3家企业中1家有出口经营权。

（2）样本食用豆企业的员工人数在78~205之间，年龄主要集中在50岁以上，文化程度主要是高中及以下，员工的专业技术级别全是在初级及以下。

（3）样本食用豆企业的收入全部来源于产品销售收入，且都为主产品销售收入，成本主要由采购成本中的原料成本构成，约占成本总额的90%。

（4）2010年所有的样本食用豆企业都盈利。

本年度总结同样存在如下问题：只有一年的数据，没有办法进行纵向的比较；数据整理工作没有全部完成，分析的深度不够；问卷设计存在不足，某些关键问题遗漏、食用豆经纪人和企业样本量小，分析不全面。

6.3.2 2012年调研情况总结

2012年11月7~10日国家食用豆产业技术体系综合研究室食用豆产业经济课题组第二次赴江苏省南通市就食用豆的种植、生产、加工、经营等问题进行了调研，调研仍主要采用问卷调查的方法，在上年村表、农户表、经纪人表和企业表的基础上，结合上年调研中发现的实际情况，对问卷中的部分内容作了补充和调整，调整比较大的是农户表，如考虑到南通市主要的食用豆品种蚕豌豆收干与收青并存的情况，在食用豆产量中增加了收干数量与收青数量这两项；又如结合绝大部分农户自留种子的实际情况，在食用豆产量中增加了留种数量这一项；再如根据南通市农民中普遍存在的农产品交换现象，在食用豆销售情况中增加了交换其他农产品这一项。

本次调研范围包括南通市所辖的一区（通州北区）、一县（如东县）、三市（如皋市、海门市、启东市）的12个乡镇，26个村，232个农户，2个食用豆经纪人，村表和农户表的调研样本基本和上年一致，这主要是因为：①食用豆不是当地农户主要的农产品，更不是收入的重要来源，相当多的农户种植食用豆是为了满足自身饮食习惯的需要，因而具有一定的稳定性；②江苏省沿江农科所的大力配合。由于存在部分上年种植食用豆的农户今年不再种植的现象,故本次调研采用跟踪分析得到的样本农户为232户。基于已获得的调研资料,下面分两个部分,从村和食用豆种植户的角度就调研情况进行总结。

1. 村调研情况总结

表6-14是本次调研的地区及样本分布。村表内容包括村的地势及基本情况、土地资源和水资源、社会发展情况和食用豆专题四个部分。考虑到对村整体情况的把握,村表的填写由村干部、村会计或者村农业推广站的站长来完成。

表6-14　　　　　　　　2012年调研地区及分布

通州区（6）			如东县（5）		如皋市（5）		启东市（5）		海门市（5）	
三余镇	刘桥镇	东社镇	掘港镇	大豫镇	白蒲镇	高明镇	汇龙镇	寅阳镇	树勋镇	三厂镇	霍隆镇
海防村	长岸村	香台村	野营角村	豫东村	朱窑村	刘庄村	临江村	农武村	和平村	新丰村	霍隆村
恒兴村			洋岸村	马家店村	康庄村	卢庄村	鹤群村	和合镇村	新北村		海山村
新华村				强民村		章庄村		东清河村			
大乐村											

资料来源:实际调研。

实际调研中,通州区东社镇香台村、如皋市高明镇刘庄村没有见到了解村整体情况的人而没有获得村表,故最终有24份村表。

通过与表6-10对比可以发现:在乡(镇)层面,2012年12个样本都在2011年13个样本中;在村层面,2012年26个样本中有25个与2011年相同,因而没有必要对诸如人均纯收入、人均耕地面积、劳动力人口占村总人口的比重、主要的经济来源、水资源等与上一年变化不太大的基本情况做分析,具体情况可参照2011年的调研总结。下面主要就食用豆的种植变化情况做对比分析,为了使分析客观,表6-15选取了2011年和2012年调查中都包括的23个村,观察表6-15发现:食用豆种植户占村户数的平均比重由2011年的76%上升到2012年的79%,食用豆种植面积占耕地面积的平均比重由2011年的36.6%上升到2012年的39.2%,二者的变化幅度均不大,但仍然可以看出食用豆种植户和种植面积都呈扩大趋势。

表 6-15　　2011 年和 2012 年南通市食用豆种植变化情况　　单位：%

区域			2011 年		2012 年	
			食用豆种植户占村户数的比重	食用豆种植面积占耕地面积的比重	食用豆种植户占村户数的比重	食用豆种植面积占耕地面积的比重
通州区	三余镇	新华村	87.9	17.5	28.6	—
		海防村	—	39.0	95.0	34.4
		恒兴村	—	32.6	—	29.9
		大乐村	89.5	35.7	49.6	42.9
如东县	掘港镇	野营角村	78.6	64.7	78.6	33.5
		洋岸村	70.0	25.4	88.4	78.2
	大豫镇	豫东村	75.8	37.3	100	26.5
		马家店村	99.7	53.5	82.9	35.4
		强民村	99.7	56.0	100	35.0
如皋市	白蒲镇	朱窑村	35.3	36.0	93.5	26.3
		康庄村	79.4	—	99.6	9.6
	高明镇	卢庄村	99.3	34.6	50.0	31.7
		章庄村	35.5	30.8	57.4	22.0
启东市	汇龙镇	临江村	57.4	33.0	90.0	69.1
		鹤群村	—	51.5	60.1	68.8
	寅阳镇	农武村	90.2	30.6	92.8	—
		和合镇村	84.2	38.6	88.2	54.8
		东清河村	65.3	25.4	73.9	18.0
海门市	树勋镇	和平村	88.7	—	95.2	52.3
		新北村	45.3	18.8	—	—
	三厂镇	新丰村	84.6	45.4	76.3	37.2
	霍隆镇	霍隆村	76.9	26.3	85.0	—
		海山村	—	—	74.6	—
		平均	76.0	36.6	79.0	39.2

资料来源：实际调研，"—"表示没有相应数据，无法统计。

2. 农户调研情况总结

农户表内容包括八个部分：家庭情况；家庭用固定资产的数量和质量；土地经营情况；农作物、畜产品和水产品的生产和销售情况；家庭收入情况；家庭支出情况；食用豆生产与销售情况；食用豆种植和销售情况。232个样本户中，158户确定是上年的调查户，52户不确定上年是否参加调查，22户确定不是上年的调查户，因而未对样本农户的基本情况再做分析，可参照上年的调研总结。

调研中发现，如皋食用豆生产以豌豆为主，海门、如东、启东、通州的食用豆生产以蚕豆为主。蚕豆约60%收青，也就是相当于蔬菜用来鲜食，40%收干，一般做种子使用；豌豆几乎100%收青，因而在南通，蚕豌豆更多的情况下是被归为蔬菜。调研中还发现，样本农户的农作物种植都采用套种的模式，食用豆的套种模式有：蚕豆—西瓜—棉花，大白皮蚕豆—无籽西瓜—大叶菠菜，青蚕豆/青玉米—青毛豆，青蚕豆/榨菜—毛豆等，因而调研中所获得的农作物的种植面积都大于实际播种面积。以下就样本农户基本情况以外的情况进行总结分析：

（1）土地流转行为在样本农户中较少发生。

样本农户户均自有土地4.2亩，实际使用土地4.4亩，二者差距不大，实际上样本农户中只有28户发生了土地流转行为，比例为12.1%，样本农户土地流转不普遍的原因：①土地面积少，且土地往往不连片儿，难以产生规模效益，流转的积极性不高；②农业已不是样本农户收入的主要来源，在家从事农业生产的多为老人，农业生产的目的主要是满足自己生活的需要和消磨时间，缺乏土地流转的积极性。

（2）蚕豌豆是样本农户主要的农作物。

蚕豌豆的种植面积占样本农户实际使用土地面积的比例为55.4%，其中蚕豆占39.8%，豌豆占15.5%。

（3）样本农户户均土地面积虽不大，但种植的农作物品种较多。

小麦、棉花和油料作物是样本农户第二大农作物，其次是玉米和水稻，这与上年的种植结构基本类似。

（4）60.8%的样本农户都有农业生产补贴。南通农业生产补贴的标准是每亩103元，补贴范围是农户向集体承包的土地，转租、转包或租赁的土地没有补贴。

（5）28.9%的样本农户参加了农业保险（1亩地5元）。

（6）绝大部分农户表示明年愿意继续种植食用豆（这是2012年问卷

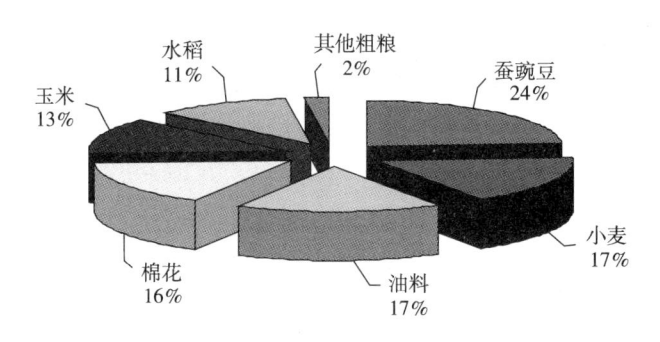

图 6-4 样本农户农作物种植结构（按种植面积）

中新增加的内容）。

在 206 户回答了继续种植蚕豌豆意愿的农户中，有 203 户表示明年愿意继续种植，原因依次为：①习惯；②收益还可以；③省事。3 户表示明年不愿意继续种植，原因是：倒茬，来年再种。

（7）绝大部分农户愿意通过小商贩销售食用豆（这是 2012 年问卷中新增加的内容）。

在 185 户回答了食用豆销售意愿的农户中，有 163 户愿意销售给商贩，原因依次为：①上门收购，方便；②没有其他销售渠道；③商贩的价格可以。22 户愿意通过其他销售渠道销售，如公司和合作社，原因是：①公司和合作社价格高；②没有商贩上门收购，只好通过其他渠道；③数量少，不值得自己拉到收购点。此外，还有 47 户没有回答食用豆销售意愿，调查中了解到，这些农户种植食用豆是为了自己食用或者交换其他农产品（如大米）。与 2011 年相比，2012 年的食用豆销售渠道较单一。

（8）绝大部分农户没有储存食用豆，这与 2011 年的情况类似。

在回答了是否储存食用豆的 221 个农户中，有 132 户回答没有储存，原因依次为：①鲜豆不好储存，储存成本太高（最主要的原因）；②收购价格比往年高；③急需用钱。89 户选择储存，原因依次为：①作为种子储存（最主要的原因）；②自己吃；③没有急需用钱。

（9）大部分样本农户选择自留食用豆种子，这与 2011 年情况类似。

34.9% 的样本农户选择购买食用豆种子，原因依次为：①高产、不易感染病虫害，这是最主要的原因；②销量好、售价高。新种子来源依次为：①从种子公司购买，最主要的来源渠道；②沿江农科所；③从其他农户购买；④交换种子。65.1%没有使用新种子的原因依次为：①新种子太贵（最主要的原因），以蚕豆为例，一公斤种子约为16元，一亩地种子成本为80.7元，占生产成本的32.6%（见表6-16）；②觉得自家的种子和买的差不多；③面积小，不值得买；④没有采用新种子的意识。调研中发现：①个别样本农户食用豆种子自留一部分，购买一部分，说这样可以提高产量；②有的样本农户20年都是自留种。

（10）蚕豆成本收益情况。

由于豌豆的种植面积较小，许多农户没有统计生产成本数据，因而表6-16显示的是蚕豆的成本数据，是从样本农户中选择了31户成本资料完整的农户汇总得来，其中化肥和农药是部分农户具有的成本项目，有的农户施农家肥，因而没有化肥成本；有的农户种植食用豆是自己吃，因而没有农药成本，在所有的样本农户中都没有用流转来的土地种植食用豆的现象，故不存在土地成本。

表6-16　　　　　　　　蚕豆农户生产成本情况

	种子	化肥	农药	人工	合计
金额（元/亩）	80.7	56.3	35.3	74.9	247.2

资料来源：实际调研。

南通蚕豆收青平均单产为440公斤，2012年平均销售价格为3.9元/公斤，平均每亩产值为1 716元，含人工成本的平均每亩收益为1 468.8元，不含人工成本的平均每亩收益为1 544.7元。

本年度总结同样存在如下问题：缺乏足够的食用豆经济人表和企业表，总结不够完整，数据质量不高等。

6.4　本章小结

（1）农产品价格的异常波动，不仅直接影响农产品生产者，还会影响农产品消费者，对整个国家的宏观经济形势都会造成影响。农产品的价格稳定最终目的还是为了民生，民生是农产品价格稳定的最根本宗旨和最首要原则。

（2）在经济发达地区的食用豆主产区，农业收入和食用豆收入不再是农民收入的主要来源，食用豆生产的目的在很大程度上是源于自己的种植习惯和满足自己的消费需要。在经济不发达地区的食用豆主产区，食用豆收入是农民收入的主要来源，对于某些农户甚至是唯一来源，获得经济效益是食用豆生产的唯一目的。

（3）在经济不发达地区的食用豆主产区，农户户主较年轻，且有一定的文化程度，由于打工机会有限，易于采用新技术和推广新品种。人均耕地面积较大且土地流转行为普遍可以产生规模效益，加之食用豆收入在豆农收入中的重要性，豆农采用新品种的积极性较高。豆农的市场化程度不高。即使在经济发达地区，仍有 60.3% 的样本农户将食用豆销售给商贩（产量小或许是一个主要原因），在经济不发达地区，豆农对后市的价格没有理性的预期，从众心理严重。食用豆深加工不足，附加值低。特别是在经济不发达地区，为数不多的食用豆加工企业也仅限于食用豆的分选等初加工。

第 7 章

结论和政策建议

7.1 研究结论

（1）在过去 20 多年中，世界杂粮产量略有增加，收获面积在下降。这主要是由于杂粮的主要生产国——发展中国家在粮食安全和耕地面积日益减少的压力下，杂粮的播种面积减少，收获面积也必然减少，然而在技术进步的推动下，单位面积产量在增加，但与发达国家相比，效率较低。杂粮在我国分布很广，各地均有种植，但主产区相对比较集中，主要分布在我国自然环境恶劣、土地贫瘠、水资源短缺的经济不发达地区。杂粮营养价值高，医食同源，随着人们营养意识的提高和食品加工业的发展，国内对杂粮的需求呈增加趋势；杂粮是我国传统的出口商品，由于世界杂粮贸易量小而且在短期内杂粮生产依然是劳动密集型产业，单产较低而不稳，且不利于机械化生产，因而国际市场上大部分杂粮价格远高于国内，我国的杂粮在国际上具有竞争力，部分杂粮品种供不应求，需求的增加已使我国由杂粮净出口国转变为杂粮净进口国，且进出口的差额呈迅速扩大的趋势。然而短期看，国内一系列针对大宗农产品的支农惠农政策的实施和恶劣的杂粮生产条件将使杂粮生产效率的持续提高乏力。因而，可以预期，杂粮价格将呈上升趋势，发展前景广阔，是经济不发达地区农民脱贫致富的首选作物。

（2）山西是全国有名的杂粮产区，杂粮种类多、品质好，近年来由于玉米效益好种植面积扩大，杂粮种植面积和产量都呈下降趋势。山西杂粮产业发展面临着"种植分散、生产方式落后、深加工不足、科研工作滞后、政府扶持力度不足"等一系列问题,为了促进杂粮产业的发展,山西省农业厅从2010年起在全国率先参照大宗粮食作物给予杂粮补贴,且补贴标准逐年提高。此外,山西省农业厅决定2012年内启动实施杂粮产业振兴计划,通过加大研发推广力度、发展杂粮主食工业化、培育大型龙头企业、整合打造知名品牌、建设商品生产基地等措施,重点发展谷子、荞麦、燕麦、马铃薯、红芸豆、绿豆、高粱7种优势杂粮。

(3) 21世纪以来,生物能源生产发展、发展中国家居民食物消费增加和结构升级、全球用于农业科技研发的公共投入增幅下滑、主要国家的农业支持政策趋于与产出脱钩等因素结合在一起,导致需求增长速度快于供给增长速度,大宗农产品的实际价格也因之从持续多年的下跌转为上涨。在全球流动性过剩和金融监管缺失的背景下,大宗商品价格波动呈现加剧态势。尽管入世以来,我国农产品的开放程度不断提高,国际农产品市场价格变化可以迅速传导到国内并对国内农产品的市场价格产生影响,然而由于我国政府实施的一系列涉农政策,加之我国的微观主体获取价格信息的能力和反应能力十分有限,国内农产品价格被严重扭曲,国际农产品价格传导作用有限,对于商品化程度较低的杂粮而言,传导作用更是有限。

(4) 2005年以来,杂粮各种类主要品种生产价格都呈上升趋势,月度波动较剧烈。本书以绿豆为例,采用HP滤波方法和BP滤波方法对2005~2012年月度批发价格数据进行分析,得出的结论是:2005~2010年绿豆价格的长期趋势是上升的,之后,绿豆价格的长期趋势是下降的;绿豆价格短期周期性波动幅度较大,波幅大多都在100%以上,从绿豆价格的长短期趋势线看,2009年以来绿豆价格的大幅波动主要是由明绿豆价格的大幅波动引起的。

(5) 世界市场农产品名义价格从21世纪初开始快速上升,2007年后还出现大幅波动,呈现"高水平、高波动"的模式。全球农产品市场价格不稳定性加大有多方面原因。短期价格走势开始更多地受预期因素影响而与供求基本面脱节,如极端气象灾害、国际政治冲突、重要国家的政策调整等各种偶发因素都成为炒作题材,从而显著加剧了农产品价格波动。自改革开放以来,我国农产品价格几经波动,农产品多次发生"买难"与

"卖难"的情况。历次的农产品价格波动既要依靠典型的供求关系因素给予解释,又必须同时考察其他非典型因素。当前导致小品种农产品价格异动的因素同样可以解释为典型因素与非典型因素:供求仍是导致小品种农产品价格异动的典型因素,市场体系、政府和农户是导致小品种农产品价格异动的三个非典型因素。

(6) 杂粮作为小品种农产品,需求具有相对的稳定性,故进一步把影响供给的因素分为生产、贸易和市场投机三个方面。本书以绿豆为例,利用实际调研数据和公开发表的统计数据测算得出,2010年绿豆价格涨幅达66.1%,其中绿豆生产成本上升拉动绿豆均衡价格上涨3.12%,绿豆净出口量的变化拉动绿豆均衡价格上涨42.5%,投机等因素拉动绿豆均衡价格上涨20.5%。

(7) 农产品价格的异常波动,不仅直接影响农产品生产者,还会影响农产品消费者,对整个国家的宏观经济形势都会造成影响。农产品的价格稳定最终目的还是为了民生,杂粮价格稳定和生产发展对经济不发达地区农户的生计具有重要影响,以食用豆为例,在经济发达地区的食用豆主产区,农业收入和食用豆收入不再是农民收入的主要来源,食用豆生产的目的在很大程度上是源于自己的种植习惯和满足自己的消费需要。在经济不发达地区的食用豆主产区,食用豆收入是农民收入的主要来源,对于某些农户甚至是唯一来源,获得经济效益是食用豆生产的唯一目的。

7.2 政策建议

随着人们健康意识的提高和食品加工业的发展,预计我国的杂粮需求将较快增长。在粮食安全和资源约束的压力下,我国杂粮生产发展潜力有限,杂粮价格波动幅度较大。考虑到杂粮的发展前景和杂粮收入在经济不发达地区农户收入中的重要性,本研究的政策建议是:

(1) 加大对杂粮生产的支持力度。一是加强基础设施建设,提高生产能力;二是将杂粮列入补贴范畴,提高农民种植积极性。

(2) 加大农业科技投入力度,加快优良品种的繁育、引进和推广。

(3) 重点扶持杂粮加工龙头企业，延长产业链，提高附加值。

(4) 建立储备调控机制，引导杂粮市场平稳健康运行。

7.3 进一步研究的建议

第一，期望能够从产业角度，对杂粮价格在生产、流通、消费环节的变动情况进行全面分析，从而为相关部门的决策提供更加客观的依据。

第二，从资源约束方面来讲，杂粮生产和大宗粮食作物生产之间存在竞争关系，从需求，即满足人体营养方面来说，二者具有重要的互补作用。因而，期望探讨如何从粮食总量平衡和结构平衡的角度制定双赢的政策。

附　录

附表1

食用豆村调查表

一、地势

1. 平原　2. 丘陵　3. 山区

二、村基本情况

1. 行政区域面积_____（平方公里）

2. 村户数_____（户）

其中：食用豆种植户_____（户）

3. 村总人口_____（人）

4. 村总劳动力_____（人）　　其中：男劳动力_____（人）

5. 村经济总收入_____（万元）　　其中：来自农业的收入_____（万元）

6. 村民人均纯收入_____（元）

7. 村民主要经济收入来源_____（请说明）

8. 村办企业个数_____（个）　　村办企业从业人数_____（人）

三、土地资源和水资源

1. 土地总面积_____（亩）

其中：耕地面积_____（亩）　　耕地面积中有效灌溉面积_____（亩）

　　　林地面积_____（亩）

　　　水域面积_____（亩）　　水域面积中养殖水域面积_____（亩）

　　　园地面积_____（亩）

2. 调查期内是否发生过灾害_____①旱灾　②水灾　③病虫害　④台风

3. 生产用水主要来源：____①深井水　②浅井水　③江河湖泊水

　　　　　　　　　　　　④塘水　⑤其他水源

4. 生产用水是否收费：____①是　②否　若是，单价_____（元/亩）

四、社会发展

1. 距最近集市的距离_____（公里）

2. 距最近车站（码头）的距离_____（公里）

3. 距最近医院的距离_____（公里）

4. 合作医疗的参保比例_____

5. 电话（包括手机）普及率_____

6. 饮用水来源：____①自来水　②井水　③泉水　④天然雨水
　　　　　　　　　⑤河水　⑥池塘水

五、农产品市场价格（目前）

1. 粮食作物

作物	小麦	水稻	玉米	薯类	其他粗粮
市场价格（元/公斤）					

2. 经济作物

作物	棉花	油料作物	糖料作物	蔬菜	水果	其他
市场价格（元/公斤）						

3. 畜产品和水产品

种类	猪（头）	牛（头）	羊（头）	家禽（只）	蛋（公斤）	水产品（公斤）
市场价格						

六、食用豆专题

1. _____年开始种植食用豆_____年开始引进多用专抗品种

2. 当地种植的食用豆主要包括_____、_____、_____

3. 食用豆种植面积_____（亩）　食用豆产量_____（公斤）

　其中：①绿豆 种植面积_____（亩）单产_____公斤/亩

　　　　②蚕豆 种植面积_____（亩）其中_____%收青

　　　　　　　干豆，单产_____公斤/亩；鲜豆，单产_____公斤/亩

　　　　③豌豆 种植面积_____（亩）其中_____%收青

　　　　　　　干豆，单产_____公斤/亩；鲜豆，单产_____公斤/亩

　　　　④红小豆 种植面积_____（亩）单产_____公斤/亩

4. 近年来食用豆种植的收益：____①上升　②下降　③基本不变

　变化的原因_____（请说明）

5. 食用豆加工销售企业（或组织）_____（个）　从业人数_____（人）

6. 食用豆加工销售企业（或组织）加工能力_____（吨）　实际加工_____（吨）

7. 食用豆加工销售企业（或组织）年利润_____（万元）

8. 村里是否有人提供食用豆生产技术服务：____ ①是　②否

　　若是，主要服务形式：_____

9. 村里是否有食用豆专业技术组织：____ ①是　②否　若是，参加户数：____（户）

10. 村里是否有食用豆专业协会：____ ①是　②否　若是，参加户数：____（户）

11. 种植食用豆是否有补贴：____ ①是　②否

　　若是，补贴的来源：①国家　②省　③市（县）

　　　　补贴实施的期限：_____年；补贴的标准：_____

附表 2

食用豆农户调查表

是否为上年调查户：①是　②否

一、家庭情况

1. 家庭基本情况

（1）户别：_____①纯农户　②个体户　③干部户　④个体和干部户

　　　　　　　　⑤五保户　⑥兼业户　⑦其他

（2）家庭结构：_____①单身　②夫妇与一个孩子　③夫妇与两个孩子

　　　　　　　　④夫妇与三个及以上孩子　⑤单亲与孩子　⑥三代同堂

　　　　　　　　⑦其他

（3）劳动力最高文化程度：_____①没有劳动力　②不识字或识字很少

　　　　　　　　　　　　　　　③小学　④初中　⑤高中　⑥中专

　　　　　　　　　　　　　　　⑦大专及以上（劳动力：男 16 ~ 60 岁，女 16 ~ 55 岁）

2. 人口与就业情况

与户主关系	性别 ①男 ②女	年龄	是否在校学生 ①是 ②否	在家居住时间（月）	16 周岁及以上人口填写							
^	^	^	^	^	文化程度	是否受过专业培训	是否丧失劳动能力	从事的主要行业	主要从业的地区	从事农业生产时间（月）	从事非农行业时间（月）	是否乡镇企业职工	短期内是否外出从业
01	02	03	04	05	06	07	08	09	10	11	12	13	14

说明：

（1）调查人口包括调查期初本户的赡养人口和调查年度内新增的所有人口。

（2）与户主关系代码：①户主　②配偶　③子女　④孙子女　⑤父母　⑥祖父母　⑦兄弟姐妹　⑧其他亲属　⑨非亲属

（3）年龄为周岁。

（4）在家居住的时间以月为单位填写，不足 1 个月的时间，按天数折算成月（保留 1 位小数）。

（5）文化程度代码：①不识字或识字很少　②小学　③初中　④高中　⑤中专　⑥大专及以上

（6）从事行业代码：⑪农业　⑫林业　⑬牧业　⑭渔业　㉑工业　㉒建筑业　㉛交通运业　㉜邮电通信业　㉝批发和零售贸易、餐饮业　㉞社会服务业　㉟文教卫生　㊵其他

（7）培训类型代码：⓪＝未培训；①＝农业推广人员的科技培训；②＝推销商组织的农业讲座；③＝政府组织的农民工外出就业培训；④＝自费参加的职业技能培训；⑤＝其他_____

（8）劳动时间和从业的时间以月为单位填写，不足1个月的时间，按天数折算成月（保留1位小数）。

（9）主要从业地区代码：①乡内　②县内乡外　③省内县外　④省外

（10）外出方式：①政府组织　②民间团体组织　③亲属介绍　④自发

（11）外出从业的时间为累计时间，以月为单位填写，不足1个月的时间，按天数折算成月（保留1位小数）。

（12）是否：①是　②否

3. 居住情况

（1）卫生设备：_____①水冲式厕所　②旱厕　③无厕所

（2）主要使用的燃料：_____①液化气　②煤炭　③柴草　④沼气　⑤其他

（3）饮用水源：_____①自来水　②深井水　③浅井水　④江河湖泊水
　　　　　　　　　　⑤塘水　⑥其他水源

（4）住房面积_____（平方米）住房价值_____（万元）

二、家庭生产用固定资产数量和价值

项目	单位	数量	购买/建造价格	购买/建造年份	现值（元）
食用豆生产用固定资产	平方米				
生产用大棚面积	平方米				
加工用建筑物面积	平方米				
加工生产设备	台				
其他生产用固定资产					
生产性房屋及建筑物面积	平方米				
汽车	台				
大中型拖拉机	台				
小型和手扶拖拉机	台				
水泵	台				
机动脱粒机	台				
收割机	台				
玉米扒皮机	台				
播种机	台				
太阳能发电机	台				
风力发电机	台				
役畜	头				
畜舍	平方米				

三、土地经营情况

1. 向集体承包耕地面积_____（亩）　其中：水浇地_____亩，旱地_____亩；

实际使用耕地面积_____（亩）　其中：水浇地_____亩，旱地_____亩；山地面积_____亩；园地面积_____亩；水面面积_____亩；林地面积_____亩

2. 耕地来源：_____①从集体承包的耕地　②从其他人转包的耕地　③从他人租赁的耕地　④自己开荒的耕地

3. 耕地使用情况：_____①全部自己耕种　②耕种其中一小部分，其余租赁　③全部租赁出去　④其他

4. 耕地灌溉条件：_____①灌溉条件很好　②灌溉条件一般　③部分耕地可以灌溉　④没有灌溉条件，靠天吃饭

四、农作物、畜产品和水产品生产和销售情况（至调查期为止前一年）

1. 粮食作物

作物	面积（亩）	产量（公斤）	出售数量（公斤）	出售金额（元）	生产成本（元）
小麦					
水稻					
玉米					
薯类					
其他粗粮					

2. 经济作物

作物	面积（亩）	产量（公斤）	出售数量（公斤）	出售金额（元）	生产成本（元）
棉花					
油料作物					
糖料作物					
蔬菜					
水果					
其他					

3. 畜产品和水产品

	存栏/产量	出售数量	出售金额（元）	生产成本（元）
猪（头）				
牛（头）				
羊（头）				
家禽（只）				
蛋（公斤）				
水产品（公斤）				

五、家庭收入情况（至调查期为止前一年）

收入来源	金额（元）
总收入	
1. 工资性收入	
2. 家庭经营收入	
3. 财产性收入	
利息、股息、租金、红利等	
流转土地收入	
土地征用补偿	
4. 转移性收入	
家庭非常住人口寄回或带回、亲友赠送、救济金、救灾款等农业生产补贴	
5. 非收入所得（从银行、信用社得到贷款、扶贫贷款、民间借入款、收回借出款、出售财产所得款、保险公司赔付等）	

六、家庭支出情况（至调查期为止前一年）

支出项目	金额（元）
总支出	
1. 家庭经营费用支出	
2. 购置生产性固定资产支出	
3. 税费支出	
租地费用	
4. 生活消费支出	
食品消费支出	
医疗保健	
教育	
其他	
5. 转移性支出（寄给或带给家庭非常住人口、赠送亲友、缴纳保险费等）	
6. 非消费性现金支出	
归还银行贷款、归还信用社贷款、借出款、归还借款等	
支付农业保险	

七、食用豆生产与销售情况

(一) 食用豆种植面积和产量（至调查期为止前一年）

	绿豆	蚕豆	豌豆	红小豆
1. 面积（亩）				
套种				
薄膜覆盖				
大棚				
受灾				
成灾				
2. 产量（公斤）				
收青				
收干				
留种				
套种				
薄膜覆盖				
大棚				
受灾				
成灾				

(二) 食用豆生产成本（至调查期为止前一年）

	绿豆	蚕豆	豌豆	红小豆
1. 种子（公斤）				
其中：购买（公斤）				
金额（元）				
2. 化肥（元）				
3. 农药（元）				
4. 机械（元）				
5. 燃料油（元）				
6. 薄膜（元）				
7. 大棚（元）				
8. 水费（元）				
9. 电费（元）				
10. 总人工费（元）				
总用工量（日）（含家庭人工）				
当地人工价格（日/元）				
雇工（日）				
雇工费用（元）				
11. 土地租金（元）				
12. 其他（元）				
(1)				
(2)				

（三）食用豆销售情况（至调查期为止前一年）

	绿豆	蚕豆	豌豆	红小豆
销售时间				
销售数量（公斤）				
销售金额（元）				
1. 销售给公司（公斤）				
金额（元）				
其中：①上门收购（公斤）				
金额（元）				
②自运至公司（公斤）				
金额（元）				
运输成本（元）				
2. 销售给商贩（公斤）				
金额（元）				
（1）小商贩				
其中：①上门收购（公斤）				
金额（元）				
②自运至商贩（公斤）				
金额（元）				
运输成本（元）				
（2）大商贩				
其中：①上门收购（公斤）				
金额（元）				
②自运至商贩（公斤）				
金额（元）				
运输成本（元）				
3. 自己在市场销售（公斤）				
金额（元）				
运输成本（元）				
4. 销售给合作社（公斤）				
金额（元）				
5. 交换其他农产品（公斤）				

注：小商贩指直接从农户收购，销售给其他商贩或者公司；大商贩指从农户或者小商贩手中收购，销售给销区。

（1）您愿意将食用豆卖给小商贩还是其他收购渠道：①小商贩　②其他收购渠道，若是①，原因＿＿＿＿＿＿＿＿＿＿＿＿＿＿＿＿＿＿＿＿＿＿＿＿＿＿＿＿＿＿＿＿＿＿

（2）您是否愿意继续种植食用豆：①是　②否，若否，原因＿＿＿＿＿＿＿＿＿＿

八、食用豆种植、技术服务

1. 若使用新品种，原因（可选择3项）：＿＿＿，＿＿＿，＿＿＿

①高产；②不易感染病害；③不易感染虫害；④抗旱能力强；⑤销量好，售价高；⑥其他，请说明_____

新品种种子来源（可选择3项）：____，____，____

①自家园区地块留种；②交换种子；③从其他农户购买；④从种子公司购买；⑤农业局发的种子；⑥其他，请说明_____

2. 若没有使用新品种，原因（可选择3项）：____，____，____

①种子太贵；②没有其他品种好；③其他，请说明_____

3. 是否得到过食用豆生产技术服务：____，①是　②否

若是，服务来自_____

4. 是否有专门贮藏食用豆的场所：____，①是　②否

5. 今年家里是否储藏食用豆：____，①是　②否

若是，原因：

①没有急需要钱；②预计价格会上涨；③作为种子储存；④其他，请说明_____

若否，原因：

①急需要钱；②收购价格比往年高；③储存成本太高；④所收的食用豆品质不好；⑤其他，请说明_____

6. 贷款和借入款中用于农业生产_____（元）其中用于食用豆生产_____（元）

7. 是否参加食用豆合作经济组织：①是　②否　若是，具体说明_____

8. 是否参加食用豆技术组织：①是　②否　若是，具体说明_____

9. 是否参加食用豆（生产、销售等）保险：①是　②否　若是，具体说明_____

附表3

食用豆经纪人调查表

一、经纪人特征

1. 您交易哪种农产品（打√）

绿豆	蚕豆		豌豆	红小豆	其他食用豆（请说明）	其他农产品（请说明）
	青豆	干豆				

2. 您属于哪一类经纪人（可以多选）？____、____、____、____、____

① 从本村农民手中买进食用豆的经纪人

② 从本乡外村农民手中买进食用豆的经纪人

③ 从本县外乡农民手中买进食用豆的经纪人

④ 从外县农民手中买进食用豆的经纪人

⑤ 从其他经纪人买进食用豆的经纪人

3. 您从_____年开始做食用豆经纪人？

4. 您是否还种植食用豆？_____（①是；②否）

5. 您是否还加工食用豆？_____（①是；②否）

二、运营情况

1. 目前您经营的场所是否为租赁？____（①是；②否）

2. 目前您运营的仓库数量为____个；贮藏量合计为____吨；

   仓库性质：自有____（个）；租用____（个）

3. 目前您运营的汽车数量为____辆，其中自有____（个）；租用____（个）

4. 目前您拥有的从事食用豆批发的资产情况

	建造/购买年份	购买价格（万元）
自有库房 1		
2		
3		
自有运营汽车 1		
2		
3		
加工设备 1		
2		
3		

5. 运营成本情况（至调查期为止前一年）

项目	支出金额（万元）
店铺、仓库和运营汽车支出	
a 店铺租金	
b 仓库租金	
c 运费	
若自有，则折旧（可以自己计算）	
a 店铺	
b 仓库	
c 运营汽车	
水电费	
招待费	
其他	

6. 您目前的流动资金为_____（万元）；流动资金来源于_____、_____、_____，各个来源所占的比例_____、_____、_____；近几年流动资金规模的变动趋势_____ ①增加 ②不变 ③减少

三、采购和销售情况
1. 食用豆采购情况（至调查期为止前一年）

		蚕豆				豌豆				绿豆		红小豆	
		11年鲜豆	11年干豆	12年鲜豆	12年干豆	11年鲜豆	11年干豆	12年鲜豆	12年干豆	11年干豆	12年干豆	11年干豆	12年干豆
1. 采购数量（万吨）													
2. 采购价格（元/公斤）	平均价												
	最高价												
	最低价												
3. 采购来源	从本村采购（比重,%）												
	从本乡外村采购（比重,%）												
	从本县外乡采购（比重,%）												
	从外市县采购（比重,%）												
4. 采购方式	直接从农民手中采购（比重,%）												
	从经纪人手中采购（比重,%）												

2. 食用豆豆销售情况（至调查期为止前一年）

		蚕豆			豌豆			绿豆		红小豆	
		11年鲜豆	11年干豆	12年鲜豆	12年干豆	11年鲜豆	11年干豆	12年鲜豆	12年干豆	11年干豆	12年干豆	11年干豆	12年干豆
1. 销售数量（万吨）											
2. 销售价格 (元/公斤)	平均价										
	最高价										
	最低价										
3. 销售去向	在本县乡销售（比重,%）										
	在本省外县销售（比重,%）										
	在外省销售（比重,%）										
4. 销售方式 (元/公斤)	直接在市场销售	比重 (%)									
		平均价									
	销售给经纪人	比重 (%)									
		平均价									
	销售给加工企业	比重 (%)									
		平均价									
5. 成本收益	毛利润（元/吨）										
	运费（元/吨）										
	用工费（元/吨）										
	纯利润（元/吨）										

四、信用和支付条件

您的供货方的支付条件

1. 最近 12 个月中,您的供货方允许您赊款的比例_____(%)

2. 如果可以赊账,一般您还款期是拿到食用豆后_____(天)

您是否给供货方支付预付款

3. 最近 12 个月中,您是否给供货方支付预付款?_____(①是;②否)

4. 如果支付,支付预付款占支付总款额的比例?_____(%)

买您货的客户的付款方式

5. 最近 12 个月中,购买食用豆的客户中采用赊账的比例是_____(%)

6. 若您允许部分或全部赊账,他们还款是货到后_____(天)

买您货的客户的预付款

7. 最近 12 个月中,您是否接受客户的预付款_____(①是;②否)

8. 若是,客户中给您预付款的人所占比例_____(%)

五、存在的问题与建议

1. 在生产经营中遇到的最大问题是什么?

2. 为解决这些问题,需要得到什么帮助和政策支持?

附表 4

食用豆企业调查表

一、企业基本情况

名称	
主要从事的国民经济行业	
企业登记注册类型	
注册资金	
法人代表	职务
联系地址	
电话	传真
网址	
E-mail 地址	
主要产业领域	
主导产品	
核心技术	
子、分公司及关联企业	

说明：主要从事的国民经济行业，按国家标准《国民经济行业分类与代码》（GB/T4754—2002）填写。

二、企业经济状况（保留两位小数）

资产总额（万元）		利润总额（万元）	
其中：流动资产		其中：多抗专用品种	
固定资产		税收总额（万元）	
厂房		其中：多抗专用品种	
设备		创汇总额（万美元）	
无形资产		其中：多抗专用品种	
长期资产		税后利润分配（万元）	
负债总额（万元）		其中：分红	
流动负债		流动资金追加	
银行借款		公共积累	
长期负债		投资	
银行借款		技术改造	
产值（万元）		新产品研制	
其中：多抗专用品种		市场营销	
员工工资（万元）		企业对外投资（万元）	
全年总收入（万元）			
销售总额（万元）			
其中：多抗专用品种			

三、人员概况（人）

从业人员	
1. 按性别：男	
女	
2．按职能：管理人员	
生产人员	
销售人员	
3. 按劳动合同：合同制职工	
非合同制职工	
4. 按年龄：≤30	
30～39	
40～49	
50～59	
≥60	
5. 按学历：高中及以下	
中专	
大专	
大本及以上	
6. 按专业技术级别：初级及以下	
中级	
高级及以上	

说明：从业人员指由本企业年末直接安排工作并支付工资的各类人员总数，包括固定职工、合同制职工、招聘人员和返聘的离退休人员。不包括离退休人员、停薪留职人员。

四、食用豆产品加工、销售成本收益（截止到目前）

项目	绿豆产品	蚕豆产品	豌豆产品	混合产品	总计
收入总额					
1. 产品销售收入（万元）					
其中：主产品					
副产品					
2. 产品销售数量（吨）					
其中：主产品					
副产品					
3. 其他收入					
成本总额					
4. 采购成本（万元）					
其中：原料成本（食用豆）					
多抗专用品种					
原料采购数量（吨）					

· 135 ·

续表

项目	绿豆产品	蚕豆产品	豌豆产品	混合产品	总计
多抗专用品种					
运输费					
委托代理费					
其他					
5. 经营成本（万元）					
其中：加工成本					
厂房设备等折旧费					
机器维修费					
电费					
水费					
生产人员工资					
储藏费					
烘干费					
其他					
期间成本					
管理费用					
管理人员工资					
招待费					
差旅费					
其他					
财务费用					
贷款利息支出					
其他					
销售费用					
广告费					
包装费					
物流费					
其他					
6. 税收支出（万元）（不包括所得税）					
7. 税前利润（万元）					
8. 所得税（万元）					
9. 税后利润（万元）					
10. 产品产量（吨）					
11. 产品生产耗用工时（小时/吨）					

注：①4 指上年度实际消耗的食用豆的采购成本；收入总额 = 1 + 3；成本总额 = 4 + 5 + 6；7 = 收入总额 - 成本总额 = 1 + 3 - 4 - 5 - 6；9 = 7 - 8；5 = 加工成本 + 期间成本；期间成本 = 管理费用 + 财务费用 + 销售费用；②若企业没有按产品统计生产成本，填总计数，然后根据产品的耗用工时进行分配。

附加：

主产品销售去向：①批发市场：本省所占比例____%，其他省市所占比例____%

②超市，本省所占比例____%，其他省市所占比例____%

③国内其他企业，本省所占比例____%，其他省市所占比例____%

④其他_____，本省所占比例____%，其他省市所占比例____%

⑤国外，所占比例____%

参考文献

[1] [美] 保罗·克鲁格曼、茅瑞斯·奥伯斯法尔德著：《国际经济学》(第五版)，中国人民大学出版社1996年版。

[2] 石建国：《现代杂粮生产》，农业科技出版社2001年版。

[3] 何秀荣等译：《FAO-农业多边贸易谈判手册》，中国农业出版社2001年版。

[4] 程国强：《WTO农业规则与农业发展》，中国经济出版社2002年版。

[5] 王东阳等译：《美国粮食和农业政策》，中国农业出版社2003年版。

[6] 牛西午：《中国杂粮研究》，农业出版社2004年版。

[7] 高铁梅：《计量经济分析方法与建模》，清华大学出版社2006年版。

[8] 易丹辉：《数据分析与EViews应用》，中国人民大学出版社2008年版。

[9] 马晓河、兰海涛：《中国粮食综合生产能力与粮食安全》，经济科学出版社2008年版。

[10] [美] 罗伯特·S·平狄克、丹尼尔·L·鲁宾费尔德著：《微观经济学》(第七版)，中国人民大学出版社2009年版。

[11] 刘合光：《国际农业政策改革的经济影响研究》，中国农业出版社2009年版。

[12] 中国营养学会：《中国居民膳食指南》，西藏人民出版社2010年版。

[13] 许世卫、信乃诠：《当代世界农业》，中国农业出版社2010年版。

[14] 何全胜：《交易理论》，新华出版社2010年版。

[15] 严行方：《农产品疯了？揭开游资炒作之谜》，北京出版社2011年版。

[16] 程国强：《中国粮食调控目标、机制与政策》，中国发展出版社 2012 年版。

[17] 张雄：《黄土高原小杂粮生产科持续发展研究》，西北农林科技大学博士学位论文，2003 年。

[18] 张雄、王立祥、柴岩：《小杂粮生产可持续发展探讨》，载《中国农业科学》2003 年第 12 期。

[19] 汪雁：《市场导向和家庭保障惯习指引下的农户经济行为》，中国人民大学博士学位论文，2005 年。

[20] 李玉勤：《杂粮产业发展研究》，中国农业科学院，中国农业科学院博士学位论文，2009 年。

[21] 赵靖伟：《农户生计安全问题研究》，西北农林科技大学博士学位论文，2011 年。

[22] 方晨靓：《农产品价格波动国际传导机理及效应研究》，浙江大学博士学位论文，2012 年。

[23] 郭志利：《小杂粮利用价值及产业竞争力分析研究》，中国农业大学硕士学位论文，2005 年。

[24] 郭艳：《山西小杂粮国际竞争力分析及对策研究》，山西财经大学硕士学位论文，2006 年。

[25] 柯炳生：《粮食流通体制改革与市场体系建设》，载《中国农村经济》1998 年第 12 期。

[26] 柴岩、冯佰利：《小杂粮生产现状及对策》，载《中国农业科技导报》2001 年第 3 期。

[27] 蒋协新等：《英国的农业支出政策及经验借鉴（下）》，载《世界农业》2002 年第 11 期。

[28] 刘德宝：《重新认识和构建"小杂粮王国"》，载《山西农经》2003 年第 5 期。

[29] 李先德：《法国农业公共支持》，载《世界农业》2003 年第 12 期。

[30] 卢铁钢：《加入 WTO 后中国小杂粮产业发展的机遇、挑战和优势》，载《杂粮作物》2004 年第 3 期。

[31] 罗光才：《发展杂粮产业增加农民收入的思考》，载《粮食科技

与经济》2004年第3期。

[32] 陈利、李砚：《浅谈中国小杂粮的现状与发展》，载《杂粮作物》2004年第4期。

[33] 丁声俊：《小杂粮特色产业》，载《中国粮食经济》2004年第4期。

[34] 李成贵：《粮食直补不能取代价格保护》，载《粮食科技与经济》2004年第7期。

[35] 刘宝亮：《杂粮渐成国际农产品市场新宠》，载《现代农业科学》2004年第10期。

[36] 石贵山、邴志：《中国加入WTO后小杂粮市场的发展前景》，载《农业与技术》2005年第3期。

[37] 杨东群：《日本的直接补贴政策和农作物流通体制》，载《世界农业》2005年第11期。

[38] 程瑞芳：《农产品价格形成机制及波动效应研究》，载《中国流通经济》2007年第3期。

[39] 程国强、胡冰川：《新一轮农产品价格上涨影响分析》，载《管理世界》2008年第1期。

[40] 丁声俊、蒋慧芳：《发展杂粮特色产业大有作为》，载《农业展望》2008年第2期。

[41] 陈永福、刘春成：《中国杂粮供求：基于局部均衡模型的结构与模拟分析》，载《中国农村经济》2008年第7期。

[42] 程羚：《中国杂粮产业发展现状及对策》，载《粮油加工》2008年第8期。

[43] 程黔：《中国杂粮产业的新态势及发展趋势》，载《农业展望》2008年第8期。

[44] 王晓东：《"杂粮"产业化发展问题探索》，载《农业经济》2008年第8期。

[45] 程须珍：《中国绿豆产业现状及发展策略》，http://www.heblsj.gov.cn/contents/142/27727.html，2009年1月19日。

[46] 刘广义：《中国小杂粮产业健康发展的思考》，载《中国种业》2009年第2期。

[47] 傅晓、牛宝俊：《国际农产品价格波动的特点、规律与趋势》，载《中国农村经济》2009 年第 5 期。

[48] 顾国达、方晨靓：《中国农产品价格波动特征分析——基于国际市场因素影响下的局面转移模型》，载《中国农村经济》2010 年第 6 期。

[49] 只升敏、周智高：《关于加强小品种农产品价格调控监管的思考》，载《价格理论与实践》2010 年第 8 期。

[50] 刘振滨：《稳定小品种农产品价格的路径选择》，载《价格理论与实践》2010 年第 10 期。

[51] 张立华：《抑制农产品价格非理性波动的路径选择——基于农民专业合作社视角的分析》，载《价格理论与实践》2010 年第 10 期。

[52] 李玉勤：《杂粮种植农户生产行为分析——以山西省谷子种植农户为例》，载《农业技术经济》2010 年第 12 期。

[53] 邵作昌：《农产品价格波动的经济学解释——以大蒜价格为例研究稳定对策》，载《农业经济》2011 年第 1 期。

[54] 李国祥：《2003 年以来中国农产品价格上涨分析》，载《中国农村经济》2011 年第 2 期。

[55] 苏应荣：《全球农产品价格波动中金融化因素探析》，载《农业经济问题》2011 年第 6 期。

[56] 冯玲玲、刘慧芳：《小宗农产品价格异动的实证研究》，载《东岳论丛》2011 年第 6 期。

[57] 虞华、沈伟、程鑫：《我国小宗农产品价格异常波动原因探析及反思》，载《农村金融研究》2011 年第 8 期。

[58] 张超、陈璋：《农产品价格上涨在多大程度上影响我国一般价格水平》，载《农业技术经济》2011 年第 8 期。

[59] 张丙乾、李小云：《经营农户生机系统脆弱性分析——以三江平原为例》，载《农业经济问题》2011 年第 8 期。

[60] 周俊玲、张蕙杰：《食用豆国际贸易情况分析》，载《中国食物与营养》2011 年第 10 期。

[61] 杨军、黄季焜、仇焕广、尚强：《解决农产品价格波动问题必须制定全球性战略》，载《中国金融杂志》2011 年第 11 期。

［62］刘慧、李宁辉：《我国小宗农产品价格波动趋势及其预测》，载《价格理论与实践》2012 年第 6 期。

［63］刘慧：《中国绿豆生产情况与趋势展望》，载《农业展望》2012 年第 6 期。

［64］刘慧：《世界食用豆生产与贸易情况分析》，载《世界农业》2012 年第 7 期。

［65］刘慧：《中国食用豆贸易情况分析与展望》，载《中国食物与营养》2012 年第 8 期。

［66］杜甘露、张蕙杰、周俊玲：《加拿大食用豆生产、消费及贸易概况》，载《世界农业》2012 年第 10 期。

［67］鲁钊阳、邱新国、廖杉杉：《农产品价格稳定的民生效应分析与对策》，载《江西行政学院学报》2013 年第 1 期。

［68］刘慧、李宁辉：《我国杂粮产业发展状况调查分析——以山西省为例》，载《中国食物与营养》2013 年第 3 期。

［69］刘慧、李宁辉：《中国绿豆贸易状况与趋势展望》，载《农业展望》2013 年第 6 期。

［70］"当代中国"丛书编委会：《当代中国的粮食工作》，中国社会科学出版社 1988 年版。

［71］隆国强、马洪：《大国开放中的粮食流通》，中国发展出版社 1999 年版。

［72］FAO, Pulse: past trends and future prospects, the 4th International Food Legumes Research Conference. New Delhi, India, 18 – 22 October 2005.

［73］Trostle R. Global Agricultural Supply and Demand Factors Contributing to the Recent Increase in Food Commodity Prices. USDA, 2008.

［74］FAO. The State of Food Insecurity in the World-How Does International Price Volatility Affect Domestic Economies and Food Security? The State of Food And Agriculture. Rome: FAO, 2011.

［75］Committee on World Food Security. Price Volatility and Food Security—a Report by the High Level Panel of Experts on Food Security and Nutrition. Rome: FAO, 2011.

[76] IMF. 2012. "World Economic Outlook, April 2012". Washington D C. IMF.

[77] FAPRI. 2012. FAPRI 2012 World Agricultural Outlook, Food and Agricultural Policy Research Institute, Iowa State University.

[78] Commodity Futures Markets, OECD Food, Agriculture and Fisheries Working Papers. Paris OECD.

[79] FAO. The State of Food Insecurity in the World 2018: Addressing Food Insecurity in Protracted Crises. FAO publishing, Rome, 2011.

[80] OECD-FAO. 2012. OECD-FAO Agricultural Outlook 2012 - 2021, Paris: OECD.

[81] World Bank. 2012. World Bank Commodity Price Data, Washington D. C. .

[82] The Word Bank. Global Economic Prospects, January 2013.

[83] Mathew A, Peters U, Chatterjee N, et al. Fat, fiber, fruit, vegetables, and risk of colorectal adenomas. Int J Cancer, 2004, 108: 287 - 292.

[84] Perkins, Dwight H. and Rawski, Thomas G. : Forecasting China's Economic Growth to 2025, in: Brandt, L. and Rawski, T. G. (eds): China's Great Economic Transformation, Cambridge University Press, 2008.

图书在版编目（CIP）数据

我国杂粮价格波动与影响研究／刘慧，矫健，李宁辉著．
—北京：经济科学出版社，2013.12
（中国农业科学院农业经济与发展研究所研究论丛．第3辑）
ISBN 978-7-5141-4139-9

Ⅰ．①我…　Ⅱ．①刘…②矫…③李…　Ⅲ．①杂粮-物价波动-研究-中国　Ⅳ．①F326.11

中国版本图书馆 CIP 数据核字（2013）第 304830 号

责任编辑：齐伟娜
责任校对：靳玉环
责任印制：李　鹏

我国杂粮价格波动与影响研究

刘　慧　矫　健　李宁辉　著

经济科学出版社出版、发行　新华书店经销
社址：北京市海淀区阜成路甲 28 号　邮编：100142
总编部电话：88191217　发行部电话：88191540
网址：www.esp.com.cn
电子邮件：esp@esp.com.cn
天猫网店：经济科学出版社旗舰店
网址：http://jjkxcbs.tmall.com
北京季蜂印刷有限公司印装
710×1000　16开　9.5印张　140000字
2013 年 12 月第 1 版　2013 年 12 月第 1 次印刷
ISBN 978-7-5141-4139-9　定价：28.00 元
（图书出现印装问题，本社负责调换。电话：88191502）
（版权所有　翻印必究）